DOR nas COSTAS

GUIA DE SAÚDE

DOR nas COSTAS

DR. PHILIPPE GUIDON

TRADUÇÃO **Adriana de Oliveira**

LAROUSSE

Título do original em francês: **Mal de dos**

EDIÇÃO BRASILEIRA
Direção editorial **Soraia Luana Reis**
Editor assistente **Isney Savoy**
Tradução **Adriana de Oliveira**
Coordenação e edição de texto **Valentina Nunes**
Consultoria técnica **Dr. Paulo Roberto M. Machado**
Revisão **Agnaldo de Oliveira** e **Caio Nehring**
Projeto gráfico, capa e diagramação **Terra Design Gráfico**
Gerente de produção **Fernando Borsetti**

EDIÇÃO ORIGINAL
Direção geral **Carola Strang**
Direção editorial **Carole Bat**
Ilustrações **Delphine Bailly**

Dados Internacionais de Catalogação na Publicação (CIP)
(Câmara Brasileira do Livro, SP, Brasil)

Guidon, Philippe
Dor nas costas / Philippe Guidon; tradução Adriana de Oliveira. -- São Paulo: Larousse do Brasil, 2006. -- (Guia de saúde)

Título original: Mal de dos
ISBN-10 85-7635-112-9
ISBN-13 978-85-7635-112-2

1. Dores nas costas 2. Medicina preventiva 3. Saúde - Promoção I. Título. II. Série.

CDD-617.564
05-9042 NLM-WE 720

Índices para catálogo sistemático:

1. Dores nas costas : Diagnóstico e tratamento : Medicina 617.564

1ª edição brasileira: 2006
1ª reimpressão: 2007
Direitos de edição em língua portuguesa, para o Brasil, adquiridos por
Larousse do Brasil Participações Ltda. Rua Afonso Brás 473, 16º andar São Paulo/SP
CEP 04511-001 Telefone (11) 3044 1515 / Fax (11) 3044 3437
E-mail: info@larousse.com.br / Site: www.larousse.com.br

NOTA EDITORIAL: *Esta obra foi preparada e redigida com todo o apuro e cuidado. Em razão da amplitude dos temas abordados, pode conter alguma falha. Os editores não são responsáveis pelas conseqüências de qualquer interpretação inadequada do texto. Deve-se lembrar, sempre, que os livros constituem importantes fontes de referência, mas nenhum texto escrito pode substituir a consulta a um médico. Evite a automedicação.*

apresentação

No mundo moderno, as atividades cotidianas vêm progressivamente requerendo, para desempenho das atividades diárias, uma maior solicitação do aparelho locomotor, principalmente da coluna vertebral. Sendo assim, é crescente a preocupação com a preservação das estruturas que compõem a coluna, bem como de seu funcionamento, considerando para isso a existência de alternativas que melhor preservem a sua função.

Doenças como escolioses, cifoses, hérnias discais, entre outras, podem ser evitadas ou precocemente diagnosticadas, sendo então possível uma correta orientação terapêutica, objetivando melhores resultados de tratamento.

Este livro do dr. Philippe Guidon, direcionado ao público em geral, procura apresentar uma visão simplificada e objetiva das principais doenças da coluna, dos possíveis métodos de diagnóstico e opções de tratamento, sempre a título de informação.

Por outro lado, é preciso ressaltar que, embora útil e interessante, não se trata de um livro médico com fins terapêuticos, já que a melhor solução para os problemas da coluna deve ser sempre encontrada com auxílio de um profissional capacitado.

Dr. Paulo Roberto Moura Machado

Médico assistente, responsável pelo setor de Traumatologia do Grupo de Coluna da Universidade Federal de São Paulo – Escola Paulista de Medicina. Doutorando e mestre pela Unifesp, graduado pela Faculdade de Medicina da Universidade de Campinas (Unicamp).

compreender

1

Coluna vertebral e dor nas costas

- Estrutura da coluna vertebral
- Um problema comum
- Causas e evolução geral

Estrutura da coluna vertebral

A coluna vertebral, ou raque, é uma estrutura óssea constituída por 33 vértebras sobrepostas. Ela se estende da base do crânio até o cóccix, e envolve a medula espinhal.

PARTES DA COLUNA VERTEBRAL

A presença de ossos específicos, as vértebras, permite diferenciar os animais vertebrados dos invertebrados (caso principalmente dos insetos e moluscos).

No grupo dos vertebrados, o que distingue o homem dos outros animais é a posição ereta. A adoção dessa postura vertical exigiu, porém, como conseqüência, a adaptação da coluna vertebral. Com o passar do tempo, essa evolução levou à formação de uma coluna vertebral composta de várias partes:

- **cervical**, que corresponde à região do pescoço;
- **torácica**, que corresponde ao que é normalmente chamada de costas;
- **lombar**, situada na região do abdome;
- **sacro**, que é um conjunto de vértebras fundidas. Prolongado pelo cóccix, o sacro se localiza na bacia.

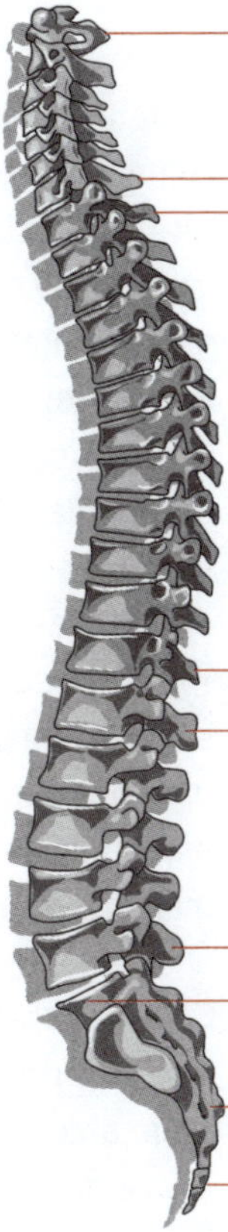

Coluna vertebral vista de perfil
As vértebras são numeradas segundo a posição que ocupam na coluna. Por isso, as sete vértebras cervicais são chamadas C1, C2, C3, C4, C5, C6 e C7. A coluna apresenta curvaturas naturais: lordose e cifose.

Lordose e cifose

A coluna vertebral é normalmente retilínea quando observada de frente ou de trás. Porém, de perfil, ela apresenta diferentes curvaturas naturais, chamadas de **lordose** (quando o desvio se volta para a frente, na altura dos rins e do pescoço) e de **cifose** (quando o desvio se volta para trás, na altura do tórax).

A função dessas curvaturas naturais é aumentar a resistência da coluna vertebral e preservar sua flexibilidade.

VÉRTEBRAS

Vértebras são cada um dos ossos que constituem a coluna vertebral. O formato desses ossos é bem parecido entre si, embora existam diferentes níveis de variação. O ser humano possui:

• 7 vértebras cervicais, formando o pescoço;
• 12 vértebras torácicas (ou dorsais), que formam o esqueleto da caixa torácica e se articulam com as costelas;
• 5 vértebras lombares, que correspondem à região inferior das costas;
• 5 vértebras fundidas e que formam o sacro, o qual se prolonga pelo cóccix: um osso remanescente de uma possível cauda, como a que está presente no macaco, mas não no homem. O sacro e o cóccix formam a parte posterior da bacia.

Estrutura da vértebra

Cada vértebra possui:

• uma parte anterior chamada corpo vertebral;
• um arco ósseo posterior, arco neural, que, com a face posterior do corpo vertebral, forma um orifício chamado canal raquiano (ou vertebral). Este contém a medula espinhal, onde se originam as raízes nervosas;
• uma saliência mediana posterior chamada apófise espinhosa;
• duas saliências horizontais e transversais chamadas apófises transversais;
• quatro saliências verticais, as apófises articulares, por meio das quais cada vértebra se une às vértebras sobre e subjacente.

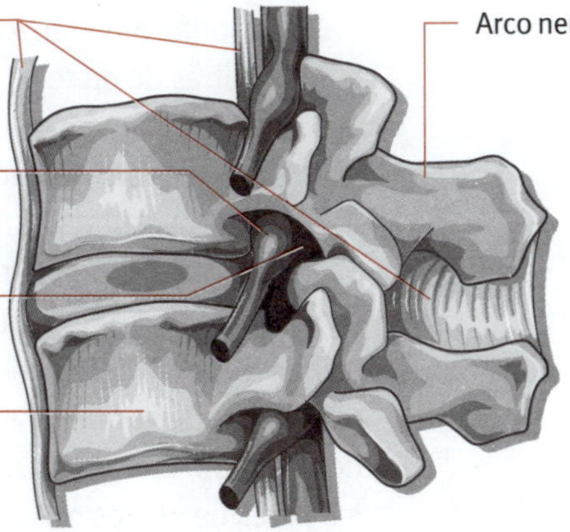

As vértebras

Discos intervertebrais

No espaço existente entre duas vértebras, encontra-se um disco, chamado intervertebral, que funciona como uma "almofada elástica", amortecendo e transmitindo as pressões de cada movimento da coluna, especialmente os esforços intensos (ver págs. 27-29). Quando alguém sente dor na altura desses discos, diz-se que a pessoa sofre de dor discal.

Medula espinhal

Cada vértebra apresenta uma cavidade central. Devido ao empilhamento das vértebras, os orifícios delimitam um túnel, chamado túnel espinhal (raquidiano), através do qual passa a medula espinhal. Desse modo, a coluna vertebral protege os tecidos nervosos, que são mais frágeis do que os ossos.

No trajeto da medula espinhal até os tecidos do corpo, e vice-versa, os nervos atravessam o canal formado pelos orifícios espinhais e que é chamado de forâmen de conjugação ou forâmen intervertebral.

Esses orifícios estão localizados na altura e exatamente atrás do disco intervertebral, entre as lâminas ósseas que unem os corpos vertebrais (na parte anterior) e os arcos neurais (na parte posterior) de duas vértebras sobrepostas.

A cada articulação entre duas vértebras, um nervo sai do lado direito e outro do lado esquerdo da coluna vertebral, formando um par de nervos homólogos, que garante a mesma função de cada lado do corpo. Existem 31 pares de nervos espinhais:

- 8 pares de nervos cervicais (o primeiro par sai entre o crânio e a primeira vértebra);
- 12 pares de nervos torácicos, ou dorsais;
- 5 pares de nervos lombares, entre eles o famoso nervo ciático;
- 5 pares de nervos coccigianos;
- 1 par de nervos sacrais.

Juntamente com os nervos cranianos, que nascem no encéfalo, os nervos raquidianos (espinhais) constituem o sistema nervoso periférico.

SISTEMA RESISTENTE E FLEXÍVEL

A coluna vertebral é constituída pelo empilhamento de vértebras unidas entre si por uma estrutura arredondada e chata (chamada disco intervertebral) e por um conjunto de ligamentos e músculos. Esse sistema confere à coluna vertebral, ao mesmo tempo, grande resistência e flexibilidade.

Um problema comum

Estima-se que 80% da população mundial sinta dor nas costas e que 15% sofra com freqüência de lombalgias (dores na região das vértebras lombares) que evoluem para definição de uma doença.

Afecções relacionadas à coluna vertebral representam 3% das consultas aos clínicos gerais e 13% dos acidentes de trabalho. A gravidade dos casos, porém, varia muito, chegando a situações em que a dor nas costas pode comprometer a vida pessoal, social e profissional do paciente.

PESSOAS MAIS AFETADAS

Hereditariedade e modo de vida

Dores de coluna ocorrem na maioria das pessoas e em diferentes graus. Em alguns casos existe predisposição hereditária, mas é geralmente o **modo de vida** que determina a maior ocorrência desses distúrbios.

De acordo com pesquisas, a menor incidência de dores dorsais entre algumas populações (os asiáticos, por exemplo) se deve mais ao hábito cultural de eles se sentarem sobre os calcanhares ou de cócoras, do que a uma suscetibilidade genética.

Além disso, a prática regular de alguns esportes como natação, ciclismo, ginástica, dança etc. parece ser benéfica, enquanto outras práticas esportivas, como corrida, salto (de qualquer tipo) e equitação, por exemplo, solicitam muito esforço das vértebras.

Homens e mulheres

Não existe diferença marcante entre os casos de dor nas costas registrados em homens e mulheres jovens. No entanto, os homens que exercem trabalhos que exigem força física apresentam mais lombalgias, enquanto as mulheres, por causa de atividades predominantemente femininas (caixas de supermercados, por exemplo), sofrem mais de dorsalgias.

A segunda metade da **gravidez** também é um período de risco para as mulheres, pois elas são obrigadas a acentuar a curvatura das costas para recuar seu centro de gravidade, que, a partir do quinto mês de gestação, é puxado para a frente devido ao peso do bebê.

Após os 50 anos, as dores vertebrais são mais freqüentes nas mulheres, por causa da osteoporose decorrente da menopausa.

Idade

Dores nas costas podem ocorrer em qualquer idade. Nas **crianças** e nos adolescentes, as dores podem ter causas específicas, como crescimento, escoliose degenerativa e, às vezes, raquitismo. Nos **idosos**, por sua vez, os problemas ósseos tendem a se tornar crônicos.

Causas e evolução geral

DOIS PRINCIPAIS TIPOS DE CAUSAS

Embora a dor nas costas possa ser causada por diferentes motivos, existem dois tipos de causas: as **mecânicas** e as **não-mecânicas.**

Causas mecânicas

As doenças que resultam de **pressões suportadas pela coluna vertebral** fazem parte das causas mecânicas. Estão relacionadas à artrose e à degeneração dos discos intervertebrais (ver pág. 29). Há também as seqüelas de fraturas e outros tipos de deformidade, como escolioses, lordoses e cifoses excessivas (ver págs. 36 - 41).

Causas não-mecânicas

Este segundo grupo, o das causas não-mecânicas, reúne diversas doenças, muitas delas menos freqüentes do que as do primeiro. Trata-se, na maioria das vezes, de **doenças inflamatórias,** ou seja, de variedades de reumatismos e **tumores.** Estes últimos são benignos na maioria dos casos, exceto quando se trata de metástases de um câncer cuja lesão inicial se localiza em outra parte do corpo.

Conseqüências neurais

Como os nervos passam pela coluna vertebral – da medula espinhal aos músculos, e vice-versa –, toda doença e todo acidente que afetar a coluna poderão irritar ou lesar as raízes nervosas, resultando em sintomas ou complicações nervosas.

EVOLUÇÃO DA DOR NAS COSTAS

É difícil descrever uma evolução típica da dor dorsal, pois seu desenvolvimento varia muito e de acordo com a causa e o estilo de vida do paciente. Mas é possível distinguir os fatores de evolução da dor nas costas, para identificar se ela tem origem mecânica ou não.

Causas mecânicas

Alguns critérios dependem das características objetivas da doença, enquanto outros estão relacionados ao modo como cada pessoa reage ao desconforto e ao tratamento da dor. Entre eles estão:

• a capacidade de o paciente adaptar seu **modo de vida** às suas possibilidades, sua vontade de se tratar;

• as **características da dor,** cuja evolução não é a mesma em relação aos episódios dolorosos agudos ou crônicos;

• a **qualidade do diagnóstico** e do tratamento, especialmente nas primeiras manifestações da dor, ou seja, a adequada compreensão do paciente quanto à origem da dor e sua implicação no cotidiano;

• a presença ou não de complicações do tipo **ciático** ou nevralgia. É possível ocorrer dores provocadas

CIÁTICA: UMA COMPLICAÇÃO DA DOR NAS COSTAS

Trata-se da dor que segue o trajeto do nervo ciático ou de uma de suas ramificações, pela compressão ou estiramento do nervo ou de suas raízes. Uma vez que a dor nas costas nem sempre está associada à dor irradiada para um dos membros, entende-se que a dor ciática é um grau de complicação da dor nas costas.

pela irritação de um nervo, mas isso raramente provoca paralisias sérias.

A dor nas costas de origem mecânica não leva à morte. Além disso, ao contrário do que se imagina, o incômodo causado por esse tipo de dor tende a se atenuar com a velhice.

● **Conseqüências sociais e pessoais.** A dor nas costas pode gerar problemas graves, como:

• **problemas sociais:** a dor nas costas é causa freqüente de dispensa do trabalho. É responsável, ainda, por obrigar muitos profissionais a mudar de função no trabalho ou afastá-los por completo de suas atividades profissionais, muitas vezes levando-os a se aposentar precocemente por invalidez;

• **problemas familiares:** muitas atividades cotidianas, como artesanato, passeios, brincadeiras com crianças, relações sexuais etc. podem ficar comprometidas pela dor nas costas, que ainda pode interferir negativamente sobre o humor dos pacientes.

Causas não-mecânicas

Dois exemplos a seguir permitem compreender como certas doenças evoluem e causam dor nas costas:

• quando se trata de doença inflamatória, como a espondilite anquilosante (EA);

• quando se trata de doença tumoral, como a metástase vertebral de um câncer.

● **Espondilite anquilosante.** Essa doença crônica é caracterizada pela ocorrência de uma artrite que afeta principalmente as articulações sacroilíacas e vertebrais. Ela atinge principalmente os homens e se manifesta entre os 15 e 30 anos de idade.

A evolução acontece por meio de crises inflamatórias, que geralmente afetam a coluna de baixo para cima, da bacia em direção ao pescoço.

Nas crises, o doente fica irritado, as dores se manifestam dia e noite, as costas enrijecem. Fora dessas fases, ele não sente nenhuma dor, mas suas costas permanecem mais ou menos rígidas, conforme as seqüelas deixadas pelas crises anteriores.

De acordo com a intensidade das crises e de sua recorrência, a doença pode ter formas graves, com deformações e rigidez progressivas, ou formas benignas, com poucas deformações e incômodo. Geralmente, a evolução se estende por 20 ou 30 anos e deixa seqüelas graves, que podem ser retardadas e diminuídas com tratamentos precoces.

- **Metástase vertebral.** O câncer vertebral em geral ocorre devido a uma metástase de um câncer desenvolvido em outro órgão (seio, próstata, rim, útero, pulmão etc.). No caso da metástase vertebral, a evolução é contínua. As dores não são necessariamente intensas no início, mas permanentes.

O desenvolvimento da metástase traz complicações, como fraturas, compressões da medula espinhal e paralisias. A cura depende muito da evolução do câncer primário, mas quase sempre a doença é mortal. Por outro lado, uma metástase isolada pode muitas vezes responder bem ao tratamento local e até mesmo ser revertida, se o câncer primário for controlado.

2

Origem da dor nas costas

- Causas musculares
- Causas discais
- Causas neurológicas
- Causas ósseas

Causas musculares

Dores dorsais que resultam de causas musculares são de ordem mecânica. Muito freqüentes, elas podem atingir apenas os músculos ou se fazerem acompanhar por problemas ósseos, discais ou nervosos.

● **Sinais da dor muscular:**

• os episódios dolorosos são mais freqüentes quando se está cansado;

• manifestam-se durante esforço incomum e de acordo com a intensidade ou duração destes;

• manifestam-se durante a gravidez ou quando a pessoa aumenta muito de peso;

• diminuem ou se dissipam com repouso ou atividades musculares suaves.

FUNÇÃO DOS MÚSCULOS DAS COSTAS

A coluna vertebral é feita de peças ósseas, as vértebras, que são unidas por peças fibrosas (ligamentos e discos intervertebrais), mas também por músculos que têm a função de agir como contrapeso, como se sustentassem um mastro.

Músculos das costas

Distinguem-se três grupos de músculos:

● Os **músculos de goteira paravertebrais** são fixados diretamente ao longo da parte posterior da coluna vertebral, sobre vários planos longitudinais. Eles se apóiam sobre diversas camadas vertebrais, sobrepondo-as;

- Os **músculos laterais ou anteriores** se apóiam de modo mais limitado sobre a coluna vertebral e se prendem também aos membros inferiores, nas costelas e bacia. O psoas, por exemplo, liga-se no alto, ao nível lombar, e termina com um grande tendão que ele tem em comum com o músculo ilíaco, sobre o pequeno trocanter do fêmur;
- Os **abdominais** não se apóiam diretamente sobre a coluna vertebral, mas têm um papel essencial no equilíbrio das costas.

Força e fraqueza

Graças às suas curvaturas (ver pág. 11), a coluna vertebral é ao mesmo tempo flexível e resistente à pressão e ao trabalho estático (esforço sem movimento). Por outro lado, ela é menos apta aos esforços feitos em rotação e cisalhamento, como por exemplo, ao esforço que uma pessoa faz quando se inclina para a frente.

Além disso, os músculos dorsais são ricos em fibras de contração lenta, adaptados ao esforço estático prolongado, enquanto os músculos dos membros são constituídos por fibras vermelhas, de contração rápida.

FORÇA MUSCULAR

Uma pessoa que não faz esforços intensos e tampouco adota uma boa postura não sofrerá necessariamente de dor nas costas, mesmo que sua musculatura seja fraca. Por outro lado, se vier a se submeter a esforços intensos e repetitivos, insistindo em posturas inadequadas, aí sim sua **musculatura fraca demais** poderá ser fonte de **dores**.

O motivo são as microrrupturas musculares, ou seja, os estiramentos forçados, e também a produção de toxinas musculares causadas pelo esgotamento das enzimas que fornecem energia para a contração muscular.

Uma **força muscular adequada** não protege ninguém da dor, já que sempre existe o risco de se cometer excessos em razão de esforços desproporcionais ou de sobrecarga causada pela obesidade. Ou, ainda, podem ocorrer **perturbações proprioceptivas**, uma das principais causas da dor nas costas.

DORSALGIA BENIGNA DA JOVEM MULHER

É a dor dorsal de origem muscular, que ocorre geralmente em jovens tímidas, ansiosas e estressadas, e que executam esforços repetitivos no trabalho (caixas, secretárias, costureiras etc.).

A dor surge entre as escápulas, acentua-se ao menor esforço, sobe em direção ao pescoço, para, em seguida, atingir os ombros ou descer em direção aos rins.

MÚSCULO ESPINHAL E PROPRIOCEPÇÃO

Ao se referir à coluna vertebral, o termo propriocepção explica a capacidade de a coluna se movimentar ou ficar em uma posição usando pouca energia e estando muito bem adaptada às informações sensoriais que os receptores corporais lhe fornecem.

Este é um conceito útil quando se busca a origem de doenças mecânicas da coluna, a fim de se providenciar reeducação postural adequada.

Mecanismo

Receptores sensoriais estão presentes em todo o corpo. Encontram-se nos músculos e tendões situados em torno das articulações, nos músculos dos olhos e da mandíbula, na planta dos pés etc. Seu papel é fornecer informações aos centros nervosos, medula espinhal, cerebelo e cérebro, para que estes coordenem a atividade muscular.

A propriocepção fornece informações sobre o estado do corpo, a maioria delas de forma inconsciente. Dessa maneira, ajuda o cérebro a estabelecer, a cada instante, imagens exatas das diferentes posições corporais.

Os receptores da coluna são ricos em fibras musculares especiais chamadas fusoriais. Em nível microscópico, essas fibras atuam mais como receptores de pressão, estiramento e rapidez do que como fibras musculares no sentido habitual do termo.

No nível da coluna, elas são numerosas na parte mais profunda dos músculos das goteiras.

Desregulação

Uma estimulação forte demais, provocada por esforço brusco ou inadequado, transmite informações inadequadas aos centros de comando do sistema nervoso, o que pode causar o bloqueio de uma posição que não cause dor.

Só que a tendência da pessoa em se prolongar na posição indolor acaba por provocar uma nova perturbação das informações, além de fadiga dos músculos, criando assim um **círculo vicioso doloroso**.

Esse fenômeno explica por quê, após um episódio de lumbago aparentemente curado, pode ocorrer um novo bloqueio, ao menor esforço e sem razão aparente, como o simples ato de escovar os dentes.

SUSCEPTIBILIDADE PARTICULAR

Certas pessoas, por razões pouco conhecidas, são mais sensíveis do que outras aos fatores de perturbação da propriocepção. Entre as hipóteses para explicar essa fragilidade, os pesquisadores destacam a origem genética e os maus hábitos posturais que elas adotam para se movimentar.

Sabe-se também que a fadiga generalizada e os estados de ansiedade ou de estresse perturbam o funcionamento da propriocepção, provavelmente por meio de neuromediadores que regulam as conexões entre as fibras nervosas.

Causas discais

Os discos intervertebrais geralmente estão na origem das dores dorsais. Certas anomalias nesses discos, porém, jamais podem causar dores (são assintomáticas) e só serem descobertas por acaso, por meio de uma radiografia ou tomografia solicitada por outra razão.

● **Sinais indicativos de dor discal**

O médico desconfia que a origem da dor é discal quando:

• os episódios dolorosos advêm de grandes esforços ou de impactos repetidos, como, por exemplo, quando se pratica corrida de fundo;

• existe nevralgia nos membros, isto é, dor provocada por irritação ou lesão de um nervo sensitivo, o ciático, por exemplo;

• o repouso prolongado alivia a dor.

ESTRUTURA E FUNÇÃO DOS DISCOS INTERVERTEBRAIS

Os discos intervertebrais (ver pág. 13) agem como **amortecedores** diante de impactos e de pressões de peso transmitidos pelas vértebras.

Cada disco é formado por duas partes:

• uma estrutura fibrosa (comparável a uma cebola), cujas camadas são feitas de microfibras entrelaçadas e inseridas no osso dos platôs vertebrais, o que aumenta em muito a resistência e a estabilidade da coluna vertebral;

Disco intervertebral

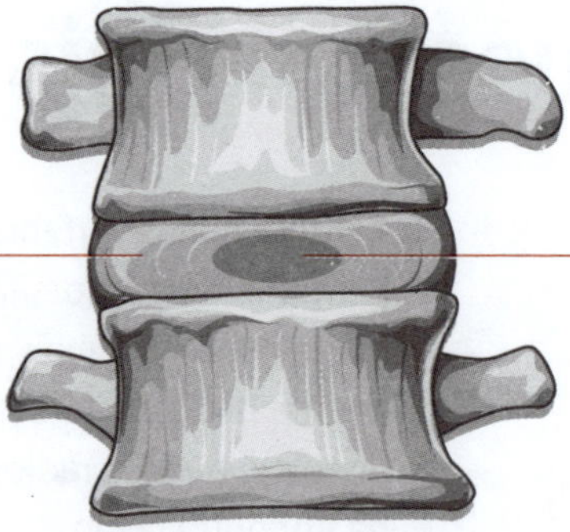

• um núcleo central (núcleo pulposo), constituído por uma substância gelatinosa densa e muito rica em água, que tem a função de distribuir a pressão, absorvendo e dispersando os impactos.

MECANISMO DA DOR

Ainda não se conhece a origem exata da dor discal, embora estudos desenvolvidos a partir da injeção de produtos irritantes nos discos intervertebrais indiquem que a dor se origina, sobretudo, na parte periférica desses discos, que é rica em terminações nervosas.

Dores podem ser causadas por ruptura mecânica decorrente de algum esforço. Também podem estar relacionadas com a compressão da raiz nervosa, como no caso de hérnias de disco (saliência do disco para além dos limites normais). Pode ainda ter origem mecânica ou inflamatória.

Nos dois casos, de ruptura ou de compressão, o disco é danificado, por causa de um traumatismo intenso ou microtraumatismos, ou, ainda, por causa do envelhecimento.

Nos idosos, desgaste e ressecamento dos discos geram dores discais diretas ou estreitamento dos forâmens intervertebrais, ambos acompanhados pela irritação das raízes nervosas.

Disco intervertebral em movimento
Pressões exercidas sobre o disco intervertebral durante o levantamento de peso.

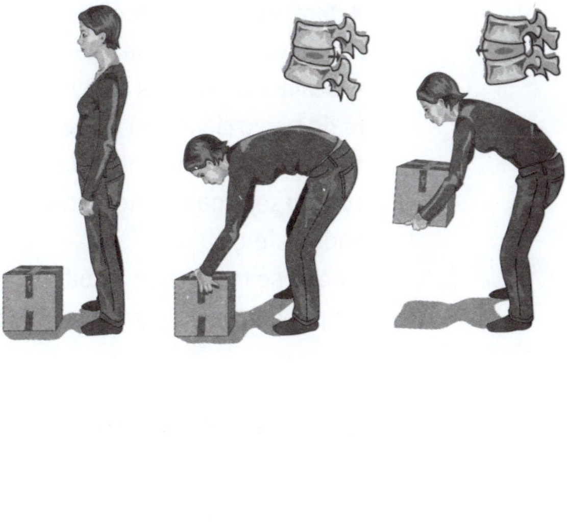

Causas neurológicas

Dores nas costas incluídas nesta classificação têm a ver com as afecções dos tecidos nervosos presentes na coluna. Elas podem ser sentidas na coluna vertebral ou em um ou mais membros. O mais comum, no entanto, é a dor de origem nervosa afetar apenas os membros.

Sintomas indicadores de dores neurológicas

Suspeita-se de causa neurológica quando a dor:

- localiza-se em uma área nervosa precisa, no trajeto do nervo ciático ou do nervo crural, por exemplo;
- não está diretamente relacionada a esforços físicos, ou seja, não foi desencadeada por um determinado esforço;
- pode se manifestar à noite;
- é provocada ou agravada pela tosse.

ORIGEM DAS AFECÇÕES NEUROLÓGICAS

As causas neurológicas são classificadas em dois grupos. **Extrínsecas**, isto é, decorrentes de uma causa mecânica exterior (estiramento, compressão, ruptura). E **intrínsecas**, quando o tecido nervoso tiver sido diretamente agredido por uma doença ou por malformação (adquirida ou congênita).

Afecções extrínsecas

São, de longe, as causas neurológicas mais freqüentes das dores dorsais. A **compressão** pode ocorrer devido a:

• hérnia de disco, ou seja, a uma saliência do disco intervertebral que comprime uma raiz nervosa e provoca nevralgia do tipo ciático;

• presença de fragmento ósseo ou de um corpo estranho (bala, por exemplo), ambos decorrentes de traumatismos;

• fratura que tenha reduzido o forâmen intervertebral por onde o nervo passa;

• osteófito, isto é, uma excrescência óssea que obstrui o forâmen intervertebral e é popularmente conhecida por “bico-de-papagaio”;

• cisto localizado em uma pequena articulação posterior e que comprime a raiz nervosa (embora seja causa menos freqüente).

Outras causas mecânicas de afecções neurológicas são mais raras, como é o caso das malformações congênitas, das deformidades adquiridas (doença óssea de Paget, metástase vertebral), de tumores adjacentes (no rim, órgãos da bacia etc.), de abscessos do disco intervertebral ou da vértebra, causados por tuberculose, angiomas da medula etc.

Afecções intrínsecas

São muito mais raras do que as afecções extrínsecas. Distinguem-se dois tipos de lesão.

• **As lesões macroscópicas** são visíveis a olho nu durante a cirurgia e sempre perceptíveis nos exames de imagem, especialmente na ressonância magnética (RM). A lesão mais freqüente é o neurinoma, tumor benigno do tecido nervoso. A siringomielia é outro exemplo de lesão macroscópica. Trata-se de uma doença rara, caracterizada pela presença, no centro da medula espinhal, de um tipo de bolsa repleta de líquido cefalorraquidiano, que, ao se desenvolver, aos poucos comprime as fibras nervosas.

- **As lesões microscópicas** não são perceptíveis por meio da observação direta nem por exames médicos de imagem. Seu diagnóstico se faz, sobretudo, pelos sintomas clínicos e pelo estudo de antecedentes familiares. Exames paraclínicos, como a eletroneuromiografia (registro da atividade elétrica dos nervos e dos músculos) e as análises genéticas, podem às vezes ajudar a completar o diagnóstico. A doença de Charcot-Marie (afecção rara dos nervos, de origem hereditária e que causa paralisias) pertence a esse grupo, como também a síndrome de Guillain-Barré (de origem desconhecida, mas provavelmente viral) e a esclerose múltipla (doença desmielinizante do sistema nervoso central, caracterizada por esclerose em placas no cérebro e na medula espinhal, e que ocorre geralmente no início da vida adulta, podendo causar paralisia, tremores, problemas de fala etc.).

Causas ósseas

Também os ossos podem ser responsáveis por dores na coluna, principalmente no caso de fraturas graves decorrentes, por exemplo, de acidente de carro ou de queda grave. Exceto nesses casos excepcionais, as causas ósseas raramente causam dores nas costas, pelo menos enquanto não forem seu fator desencadeador.

● **Sinais indicativos de dores ósseas.** O médico pode suspeitar de causas ósseas quando:

• observa-se **osteoporose.** A dor sentida após esforço ou queda, nesse caso, pode estar relacionada a uma compressão vertebral. Entretanto, é preciso saber que compressões vertebrais associadas à osteoporose também podem ser indolores;

• a dor é intensa e localizada, apesar de breve, mas persiste durante o repouso e aumenta com a pressão sobre a vértebra.

ORIGEM DA DOR ÓSSEA VERTEBRAL

Ossos são pouco inervados em fibras condutoras da dor, mas são ricos em receptores de pressão. Isso faz com que variações significativas de pressão provoquem dor.

Principais causas

Além das fraturas, tudo que alterar demais a pressão óssea, destruindo ou deformando as vértebras, pode causar dores ósseas.

Tumores malignos e tumores benignos estão na origem dessas doenças. Nove em cada dez pacientes, por exemplo, tratam **tumores malignos** com metástases provocadas por um câncer que teve origem fora da coluna.

Já os **tumores benignos** são mais raros e pouco dolorosos. Às vezes são até indolores, podendo passar despercebidos.

Um dos tumores benignos mais dolorosos, porém, é o osteoma esteóide, que possui uma zona de densidade intensa no interior do osso.

O diagnóstico do tumor ósseo é feito pela radiografia comum, complementada, se necessário, por outros exames de imagem.

Outras doenças também podem causar dores ósseas, como a epifisite ou osteocondrose de crescimento, chamada de doença de Scheuermann. Esta atinge os adolescentes e se manifesta em geral por volta dos 12 anos de idade.

Uma escoliose que por muito tempo tenha sido tolerada também pode se tornar dolorosa à medida que se agrava, principalmente se nenhum tratamento foi iniciado.

3

Deformidades da coluna

- Hiperlordose e hipercifose
- Escolioses

Hiperlordose e hipercifose

Hiperlordose e hipercifose são deformidades da coluna, decorrentes do aumento de curvaturas naturais. Já a escoliose (ver págs. 39-41) resulta de curvaturas anormais.

Na hiperlordose, a curvatura se acentua no nível das vértebras cervicais ou das vértebras lombares. Já na hipercifose, a curvatura aumenta na altura das vértebras torácicas (ou dorsais).

- **Mensuração da deformidade.** A definição das curvaturas sagitais (ou de perfil) da coluna vertebral permite medir os ângulos entre os corpos das vértebras e os limites da curvatura (por exemplo, a cifose torácica entre T1 e T12 medida a 50°). Um número tem valor individual e pode evoluir com a idade, mas é insuficiente para diagnosticar uma anomalia. As médias estatísticas foram determinadas a partir de estudos aplicados em um grande número de pessoas. Fala-se em hiperlordose ou hipercifose quando o paciente supera essas médias. Entretanto, é possível sofrer de dor nas costas mesmo apresentando ângulos de curvatura dentro da média, o que ocorre freqüentemente. Por outro lado, também pode ocorrer de uma pessoa não sentir incômodo algum na coluna, apesar de ter curvaturas maiores do que as da média.

Por convenção, as vértebras são numeradas do alto para baixo e designadas pelas letras C, para cervical; T, para tórax; L, para lombar; e S, para sacro.

HIPERLORDOSE: "RINS CURVADOS"

Trata-se de uma lordose exagerada. Lordose é a curvatura normal da coluna vertebral, para a frente, mas que aqui se apresenta acentuada, sobretudo no nível lombar, formando assim uma curvatura excessiva sobre os rins.

É mais freqüente em mulheres, negros e ginastas de competição (sobretudo mulheres). É uma deformidade **bem tolerada**, mas que às vezes provoca dores e alterações devido à ruptura progressiva do istmo (parte anterior da vértebra), em razão de pressões mecânicas. Essa malformação, que é chamada de espondilólise, atinge preferencialmente a vértebra L5.

HIPERCIFOSE: "COSTAS REDONDAS"

Na hipercifose torácica, ou "costas redondas", a coluna vertebral se torna convexa na parte de trás – e de forma anormal.

Essa deformidade atinge sobretudo homens e é nitidamente hereditária.

Na criança e no adolescente, decorre de maus hábitos posturais, mas também pode estar relacionada a uma doença de crescimento das vértebras dorsais, a doença de Scheuermann.

No adulto jovem, ocorre devido a doenças inflamatórias da coluna vertebral, as espondiloartropatias. Já nos idosos, tem a ver com as compressões vertebrais ou com o envelhecimento dos discos intervertebrais.

É indolor por muito tempo, embora esteticamente cause incômodo. Com o tempo, porém, pode se agravar e se tornar dolorosa.

Por isso, quando a hipercifose pronunciada é percebida no adolescente, provavelmente o tratamento de correção exija o uso de colete ortopédico. Com ele, o osso pode se modelar e a hipercifose diminuir.

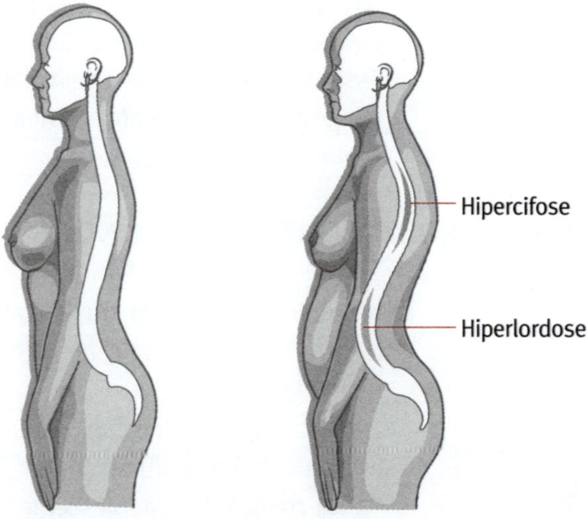

Posição normal **Deformidades da coluna**

Hiperlordose e hipercifose
Essas deformidades da coluna resultam de um aumento das curvaturas naturais.

Escolioses

Escoliose é uma deformidade anormal da coluna. Caracteriza-se pela rotação de uma ou de várias vértebras em relação às vértebras vizinhas, promulgando uma gibosidade (corcunda). Mas também se apresenta por inclinação lateral da coluna vertebral, impossível de ser corrigida apenas por contração muscular ou inclinando-se para a frente.

Tratar as escolioses desde a infância evita problemas estéticos (corcundas) e também dores na idade adulta. O diagnóstico é feito a partir do exame clínico e de medições do eixo vertebral. A escoliose é definida também pela localização (torácica, lombar) e por graus acentuados de angulação entre as vértebras.

DIFERENTES TIPOS DE ESCOLIOSE

- **Escolioses idiopáticas** (de causa desconhecida). Nove em cada dez casos atingem meninas, começando justamente na pré-adolescência. Caracterizam-se pela rotação das vértebras e se agravam com o passar dos anos. Param de evoluir no final da fase de crescimento do paciente.

Embora não seja possível curar esse tipo de escoliose, pode-se ao menos controlar sua evolução. Por isso, é importante **prestar atenção às costas das crianças** e, em caso de suspeita, consultar um médico. Só ele pode dizer se o caso tem a ver com posturas incorretas (atitude escoliótica) ou se trata de uma escoliose propriamente dita.

Para isso, o médico solicita radiografias ou encaminha o paciente a um especialista, para identificar o tipo de escoliose, sua evolução e riscos. A partir daí, o especialista é quem decide como será feito o acompanhamento (ou seja, a medição das curvaturas escolióticas) e a data de início do tratamento.

É possível que o tratamento exija o uso de colete ortopédico e prática de exercícios físicos adequados. Acompanhar a evolução do caso é importante para evitar tratamentos ineficazes e que, por isso, não conseguem impedir que a curvatura se acentue.

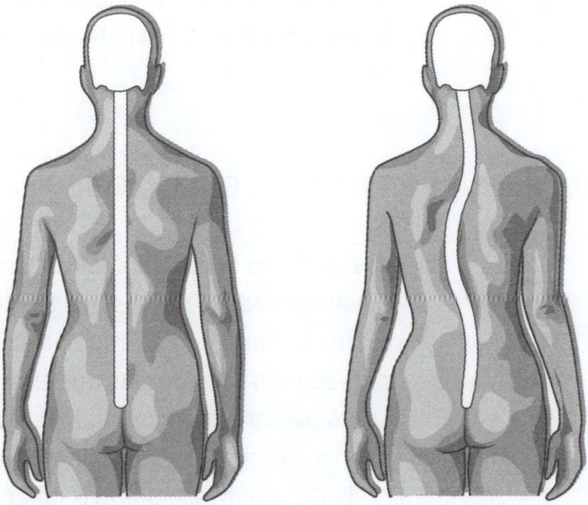

Posição normal **Escoliose**

Escoliose
A rotação de uma ou várias vértebras pode criar uma gibosidade (corcunda).

- **Escolioses causadas por malformação congênita.** Presente desde o nascimento, este tipo de escoliose resulta do fato de apenas a metade de uma vértebra ter se desenvolvido. Com o tempo, a escoliose evolui e se agrava, principalmente durante o crescimento – e se nenhum tratamento permanente for seguido.
- **Escolioses causadas por deformidades adquiridas.** Neste caso, uma ou mais vértebras podem ter sido deformadas em decorrência de outra doença, como o mal de Pott (localização vertebral da tuberculose) ou o raquitismo severo da criança. O grau da escoliose e a velocidade da sua evolução dependem de quando o diagnóstico for feito (quanto mais cedo, melhor), assim como da eficácia do tratamento adotado.

ATITUDES ESCOLIÓTICAS

Caracterizam-se por uma inclinação lateral direita ou esquerda da coluna. São visíveis quando a pessoa está em pé, mas corrigem-se assim que ela se inclina para a frente. Tornam-se mais freqüentes quando há desigualdade no comprimento das pernas. Devem ser tratadas durante a fase de crescimento.

agir

4

Diagnóstico

- Consulta
- Quem trata as dores nas costas

Consulta

Embora seja comum usar a palavra "doença" para designar a dor nas costas, as dores decorrentes de causas mecânicas (as mais freqüentes) são mais distúrbios do que propriamente doenças.

Além disso, as pessoas não costumam se consultar por causa de um episódio de dor nas costas, que em geral passa rápido e raramente volta a incomodar.

Mas quando a dor se torna intensa e recorrente, é preciso consultar um médico para identificar sua causa e providenciar, se necessário, exames complementares (radiografias, tomografia, ressonância magnética, exames de sangue etc.).

OBJETIVO DA CONSULTA

O paciente deve explicar ao médico o motivo da consulta, procurando descrever as características da dor que sente. Pode ser que a dor ocorra de modo difuso pelas costas ou apenas ao longo da coluna vertebral, ou ainda sobre uma de suas partes (cervical, dorsal, lombar).

Pode acontecer de o paciente apresentar dificuldades em se movimentar. Ou, ainda, que ele sinta fisgadas ou formigamentos nas costas, pernas, braços ou cabeça. São todas sensações que têm muito a ver com a coluna vertebral.

Só depois de examinar o paciente e lhe fazer uma série de questões, é que o médico terá condições de traçar um diagnóstico do caso. Este geralmente se guia em torno de três questões:

- trata-se realmente de dor nas costas? (diagnóstico positivo);
- quais doenças apresentam sintomas idênticos aos que o paciente descreve? (diagnóstico diferencial). Aqui é preciso descartar ou confirmar a existência de doenças cujas manifestações são parecidas, como uma cólica nefrética (renal), que também causa dores dorsais;
- que tipo de problema nas costas está na origem dessa dor? (diagnóstico etiológico).

ANAMNESE

Fatores estimulantes ou desencadeadores

O médico precisa interrogar o paciente para descobrir os fatores que desencadeiam ou intensificam a dor. Em relação às dores nas costas, existem muitos fatores, mas cada indivíduo relata características particulares da dor que sente e das crises que se repetem.

- **Fatores estimulantes.** São eles:

- esforços físicos que têm a ver com a atividade profissional (trabalho de manutenção, ausência de ergonomia etc.) ou com a vida familiar (carregar o bebê, trabalhos domésticos etc.). Às vezes, relacionam-se à vida escolar (modo de carregar a mochila) (ver pág. 119);
- posturas em geral, modo de se sentar, levantar, deitar ou dormir. Também a maneira como se trabalha e os esforços repetitivos executados;
- viagens (longos trajetos de carro, por exemplo);

Fatores estimulantes
Posições inadequadas de trabalho, diante do computador, por exemplo, assim como gestos e esforços repetitivos, favorecem a dor nas costas.

- fadiga generalizada, estresse;
- obesidade ou mudança repentina de peso (ganho ou perda);
- atividade física (inexistente ou intensa, avançada ou suave);
- ambiente, colchões e assentos pouco ou nada ergonômicos;
- clima, principalmente o clima úmido.

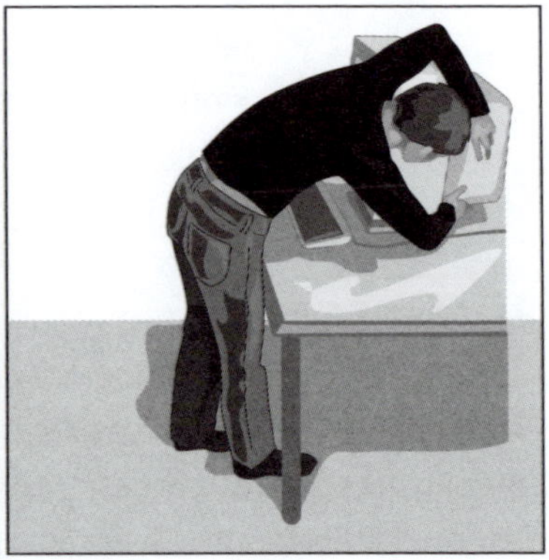

- **Fatores desencadeadores**. São eles:
- mudança de cama;
- esforço para levantar peso ou carregar algo pesado, em que se torce o tronco ou dobra-se as costas para a frente, sem dobrar os joelhos;
- esforço muscular incomum (mudança de casa, trabalhos artesanais, jardinagem etc.) ou permanência em posição inadequada;
- queda;
- febre;
- acesso de tosse.

Fator desencadeador
Levantar peso de maneira inadequada (ver à direita) pode desencadear dores nas costas.

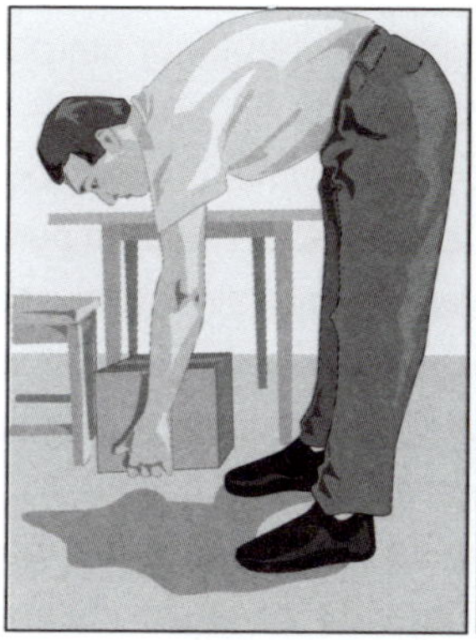

Modo inadequado de levantar peso

Modo adequado de levantar peso

Antecedentes clínicos

É comum o médico perguntar ao paciente sobre antecedentes (uma intervenção cirúrgica, por exemplo) ou problemas crônicos (uma alergia). Esse tipo de interrogatório pode parecer cansativo, mas é essencial.

Alergias ou intolerâncias contra-indicam a prescrição de certos medicamentos; cirurgias às vezes fragilizam a parede abdominal, provocando dor nas costas semanas depois. A ingestão de certos medicamentos, por sua vez, favorece a descalcificação e a compressão das vértebras. Já a retirada de um tumor, mesmo antiga, não impede que surja uma metástase. O contato próximo com um paciente tuberculoso faz o médico suspeitar do mal de Pott.

Análise da dor

A dor pode ter vários aspectos:

- apresentar incômodo intenso (dor aguda) ou discreto, mas irritante por causa da persistência;
- evolução contínua ou sazonal;

• limitar-se à coluna (em um ponto preciso ou de maneira difusa);
• aumentar ou diminuir dependendo da posição. O médico precisa saber se a dor perturba o sono ou, ao contrário, se ela diminui com o repouso;
• alterar-se em virtude de tratamentos espontâneos (massagens, aquecimento da zona dolorosa, ingestão de analgésicos);

Cabe ao médico avaliar a repercussão física da dor e o grau de invalidez – pessoal e profissional – do paciente.

EXAME CLÍNICO

Após a anamnese, o exame clínico permite ao médico precisar os sintomas.

Observação

A partir do momento em que o paciente entra no consultório, o médico já começa a observá-lo, procurando notar se ele:
• adota **posições antálgicas** (que combatem a dor), perceptíveis quando, por exemplo, ele se inclina pa-

MEDIÇÃO DA ALTURA

É fundamental investigar a ocorrência de doenças como osteoporose em idosos e escolioses e cifoses em adolescentes ou adultos. Um idoso pode perder até 10 cm de altura devido ao ressecamento dos discos vertebrais ou à compressão das vértebras. Em caso de escoliose, a altura diminui à medida que a doença se agrava.

ra atenuar a dor. Estas podem apontar uma provável zona de início da dor;

- apresenta alteração da marcha, que pode sugerir distúrbio no ciático ou rigidez lombar;
- apresenta rigidez e incômodo físico no momento de se despir ou sentar, o que também fornece informações sobre as características da dor;
- traduz no olhar ansiedade ou esgotamento por causa da dor.

Exame propriamente dito

- **Palpação.** Trata-se de um procedimento importante para avaliar a situação da coluna vertebral. O médico vai procurar principalmente por:
  - zonas de contratura localizadas nos músculos raquidianos e nos músculos situados distantes da dor;
  - anomalias da mobilidade local passiva;
  - zonas de irritação cutânea sobre a coluna e outras regiões.
- **Mobilidade.** O médico avalia a qualidade dos movimentos da coluna vertebral, dos braços e das pernas, de dois modos: de maneira passiva, ao provocar ele mesmo o movimento (o paciente, nesse caso, não move os músculos); ou de maneira ativa, quando ele solicita ao paciente que execute por conta própria determinados movimentos.

A dor desencadeada pelo levantamento passivo da perna até certo ângulo revela disfunção do ciático.

Em certas consultas, o diagnóstico talvez precise ainda de uma avaliação da **força muscular**, chamada "testing". Dependendo do caso, esse exame pode ser feito de modo detalhado ou mais global, verificando simplesmente se o paciente consegue se colocar na ponta dos pés ou sobre os calcanhares.

O controle dos **reflexos** e da **sensibilidade** das zonas principais dos membros é indispensável, sobretudo quando existem sintomas dolorosos nos braços ou nas pernas.

MOBILIDADE PASSIVA OU ATIVA

A mobilidade das costas é avaliada em todos os sentidos e movimentos: flexão anterior, extensão e inclinação, rotação e flexão dos dois lados. Mobilidade passiva é o conjunto de movimentos que o médico ou o cinesioterapeuta provoca nas costas do paciente (sem a participação voluntária deste), antes de chegar a uma situação de travamento. Mobilidade ativa é o conjunto de movimentos que o paciente pode fazer por si próprio, sem a ajuda do terapeuta, utilizando os músculos.

ENCERRAMENTO DA CONSULTA

Ao término do exame, o médico é capaz de responder a três questões levantadas no diagnóstico positivo, diferencial e etiológico (ver pág. 45). Dessa maneira, ele pode avaliar a gravidade e a causa provável da dor. Pode se tratar de:

• **dor intensa e aguda**, sentida após esforço causado por levantamento de peso, por exemplo. Nesse caso, o tratamento primeiro procura aliviar a dor com a ajuda de medicamentos ou de meios físicos (uso de colete ou faixa);

• **dor incômoda e crônica.** O médico deve então investigar as causas ambientais (fatores estimulantes presente no modo de vida) e rever o paciente após a aplicação de terapêutica. Se o tratamento for longo, ele avalia o benefício real do tratamento em relação ao estado do paciente.

Os exames complementares (por imagens, principalmente) são úteis para estabelecer ou precisar o diagnóstico, avaliar a gravidade da doença e o efeito do tratamento.

Em geral, é preciso realizar mais alguns exames. Exames complementares (ver págs. 55-72) ou a opinião de outro médico costumam ser solicitados, imediatamente ou depois de um período de tratamento.

Quem trata as dores nas costas

Além do **clínico geral**, o paciente pode se aconselhar com diferentes especialistas, médicos de formação ou outros profissionais de saúde.

MÉDICOS ESPECIALISTAS NO APARELHO LOCOMOTOR

O aparelho locomotor é formado por ossos e articulações dos membros e da coluna vertebral, assim como por ligamentos, músculos e tendões que os unem e acionam. Duas especialidades médicas, fisiatria e reumatologia, dedicam-se a estudar as doenças do aparelho locomotor.

Os médicos tratam da dor, detalham diagnósticos (origem e gravidade), solicitam exames complementares e definem tratamentos em função das causas que identificarem, sempre de acordo com as condições psicológicas e econômicas do paciente.

- **Reumatologista.** É o médico que trata das doenças reumáticas e osteoarticulares. Ambas têm em comum a dor e/ou rigidez que provocam no aparelho locomotor dos pacientes. O reumatologista pode optar por algumas técnicas invasivas durante o diagnóstico e tratamento, como infiltração ou injeção de substâncias nos discos intervertebrais. Juntamente com o cirurgião ortopedista, quando o assunto são as vértebras, ele participa da tomada de decisões cirúrgicas.

- **Especialista em fisiatria.** É o médico que se dedica especificamente à reeducação do aparelho locomotor após a ocorrência de doenças ou acidentes. Ele aplica terapêuticas físicas (massagens, manipulações, exercícios, hidroterapia etc.). Determina ainda quais aparelhos o paciente deve utilizar (colete em caso de escoliose, por exemplo). Esses médicos geralmente são osteopatas.

RADIOLOGISTA

É o profissional que domina as diferentes técnicas de imagem médica: radiografia comum, tomografia, e, principalmente, ecografia e ressonância magnética.

Radiografias são utilizadas para diagnósticos ou fins terapêuticos. Entre os procedimentos terapêuticos que usam a radiografia, estão as infiltrações radiculares (realizada nas extremidades, onde as raízes nervosas deixam a coluna) e as infiltrações das articulações posteriores da coluna. Nesse caso, durante a infiltração, um acompanhamento radiológico se faz necessário para definir o trajeto da agulha.

PSIQUIATRA

A ajuda de um psiquiatra é importante quando a dor nas costas aponta para problemas psicossomáticos ou depressão. Certas formas de depressão podem se manifestar, durante muito tempo, apenas por meio de dores nas costas. Mas o inverso também é possível: algumas dores nas costas, persistentes e negligenciadas, favorecem o surgimento ou agravam a depressão ou outros problemas psíquicos.

CIRURGIÃO

O paciente pode ser aconselhado a consultar um **cirurgião ortopedista**, que é quem trata dos acidentes ou deformidades do aparelho locomotor. Mas também pode ser orientado a procurar um **neurocirurgião**, que é o especialista responsável pelas doenças do sistema nervoso.

Quando o assunto são as dores nas costas, as consultas mais freqüentes têm a ver com nevralgias causadas por hérnia de disco (ver pág. 111) ou por compressão óssea, assim como deformações graves.

A cirurgia da coluna é geralmente delicada, seja para reduzir uma hérnia de disco, tratar uma fratura vertebral que comprime a medula espinhal, fixar materiais metálicos para corrigir deformações graves (escoliose intensa, por exemplo) ou grudar duas vértebras. A convalescença é longa.

OSTEOPATIA

Osteopatia é um método terapêutico manual que utiliza técnicas de manipulação vertebral ou muscular. Todo médico – clínico geral, reumatologista ou especialista em fisiatria –, desde que formado nessa especialidade, pode se tornar um osteopata. A disciplina também é praticada por cinesioterapeutas e osteopatas não-formados em medicina.

5

Exames complementares

- Exames de imagem
- Outros exames

agir

Exames de imagem

Os exames de imagem resultam de um conjunto de técnicas que captam imagens dos órgãos internos e de outras regiões do corpo. Com esses exames, os médicos e outros profissionais de saúde conseguem precisar diagnósticos e definir tratamentos.

Normalmente, o radiologista é o primeiro a interpretar as imagens desses exames, repassando suas observações ao médico responsável pelo paciente, que então faz sua própria leitura e complementa o diagnóstico.

Providenciados após a realização do exame clínico, os exames imagéticos auxiliam o médico a explicar o caso ao paciente. Se houver discordância entre o exame clínico e os resultados das imagens radiológicas, as impressões da avaliação clínica são privilegiadas, pois, segundo o adágio médico, "cura-se o paciente e não as radiografias".

Artroses evoluídas ou compressões vertebrais reveladas pelas radiografias podem, por exemplo, não causar incômodo nem precisar de tratamento.

EXAMES NA MEDIDA CERTA

Nenhum exame complementar é necessário se o exame clínico fornecer todas as informações necessárias para o médico traçar um diagnóstico preciso e se a evolução do tratamento for simples. O paciente não precisa se submeter a radiografias ou tomografias a cada episódio de lumbago, por exemplo. Além do custo financeiro, esses exames são fontes de radiação.

Por outro lado, existem dores intensas que não são perceptíveis nessas imagens, mas certamente necessitam de tratamento médico.

RADIOLOGIA ÓSSEA COMUM

A radiologia utiliza raios X, que são capazes de atravessar o corpo. Os ossos aparecem bem definidos nas radiografias, pois os raios X são mais bem absorvidos por estruturas densas do que por tecidos moles. A radiologia é o exame mais solicitado para casos de dor nas costas.

O que a radiografia mostra

A radiografia da coluna permite:

- estudar a trama do osso para identificar ocorrência ou não de osteoporose (diminuição da trama protéica do osso) ou de modificações da densidade óssea localizada (osteólise), o que geralmente indica infecção ou tumor;
- avaliar o estado dos discos intervertebrais, a fim de visualizar a causa de eventuais compressões neurológicas (diminuição da altura de um disco intervertebral);
- controlar o diâmetro dos forâmens de conjugação e o espaço livre para as raízes nervosas;
- pesquisar sinais de artrose, de modificação da densidade geral ou deformidades;
- apreciar a estática global da coluna e da bacia. Neste caso, as radiografias são realizadas em pé, a fim de identificar escolioses ou cifoses, atitudes escolióticas e cifóticas, e rigidez que comprometa as curvaturas naturais.

Vantagens

A radiografia é de fácil acesso, já que está disponível em hospitais e clínicas especializadas. Oferece eficácia em termos de diagnóstico: em muitos casos, fornece ao médico todas as informações de que ele precisa, dispensando outros exames.

Radiografias

Na maioria das vezes, o radiologista faz radiografias frontais e de perfil da região estudada. Ele associa incidências (ângulos de visão) oblíquas para melhor visualizar a zona de passagem dos nervos, partindo da coluna. Radiografias complementares são feitas quando é necessária uma avaliação geral de certas áreas das costas: radiografia da boca aberta, para observar o alto da coluna cervical; radiografia da articulação entre as vértebras lombares e o sacro, para avaliar o último disco vertebral ou para verificar malformação ou deslizamento (listese), por exemplo.

Outros recursos são mais raros. A imagem de conjunto da coluna na posição ereta é útil para examinar os eixos da estática das costas e medir uma possível escoliose. Pode ser feita por telerradiografia, em que o raio X fica afastado do paciente. As radiografias dinâmicas (em que o paciente deve se colocar em determinadas posições) permitem descobrir anomalias que indiretamente informam o estado dos ligamentos, que não são visíveis na radiografia.

IMAGENS RADIOLÓGICAS COMUNS

No caso de dores ósseas, a radiografia é o tipo de exame mais exigido. Outros exames radiológicos (tomografia, ressonância magnética, cintilografia óssea etc.) são solicitados apenas em um segundo momento, se as radiografias comuns não forem suficientes para o diagnóstico. Radiografias eficientes são as que centralizam as áreas a serem analisadas e apresentam revelação de qualidade.
Por fim, a interpretação do radiologista é fundamental.

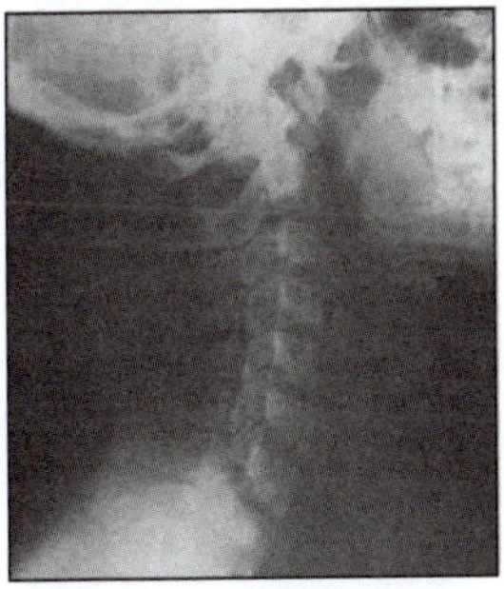

Radiografia da coluna cervical de perfil

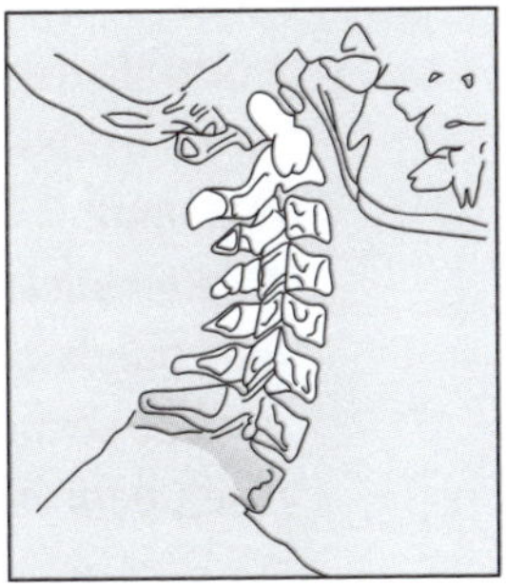

Desenho da coluna cervical de perfil

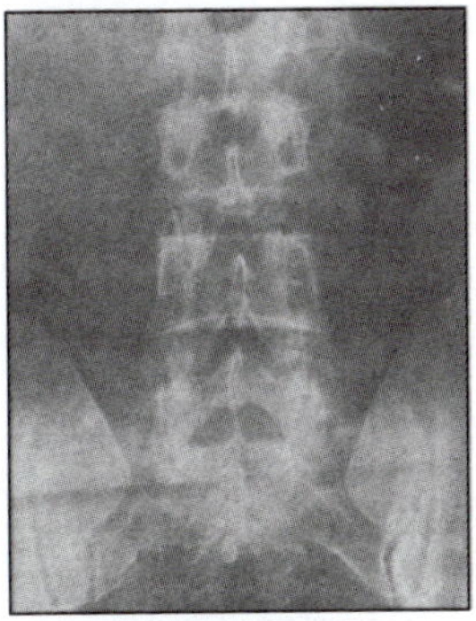

Radiografia frontal da coluna lombar

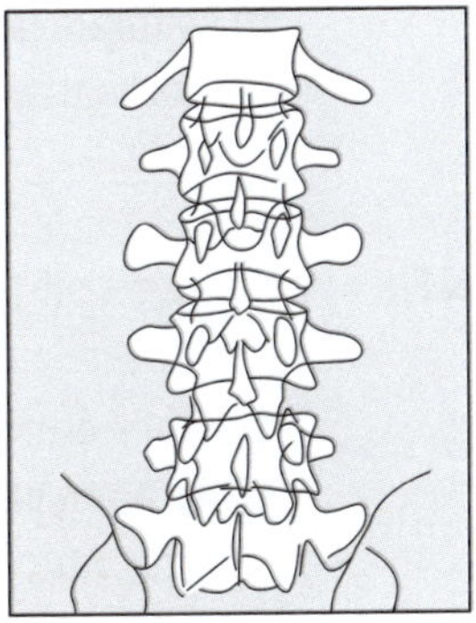

Desenho frontal da coluna lombar

Indicações Radiografias comuns são solicitadas:

• periodicamente, durante o crescimento, quando o adolescente está sob o tratamento de escoliose ou hipercifose;

• quando uma dor aparentemente banal resiste ao tratamento inicial e tende a se tornar crônica;

• em caso de reincidência de dores dorsais, desde que o paciente não tenha tirado radiografias recentemente. Se não houver mudança nos sintomas clínicos, uma radiografia antiga pode ser suficiente;

• quando o exame clínico ou o acompanhamento indicam a possibilidade de uma infecção, inflamação ou tumor;

• sistematicamente, em caso de traumatismo ou de uma queda grave (ou de queda simples, neste caso quando se trata de paciente idoso ou com osteoporose), para verificar a presença de fratura.

Contra-indicações Radiografias expõem o paciente aos raios X, por isso são contra-indicadas em caso de gravidez, exceto se forem imprescindíveis, como em um episódio de traumatismo vertebral.

SCANNER

Scanner é um aparelho de imagens clínicas associado a um sistema de tomografia, que permite visualizar no computador as estruturas anatômicas em forma de cortes. Os modelos recentes permitem reconstituir uma visão em três dimensões.

O que a tomografia mostra

A imagem de tomografia da coluna permite estudar com precisão a estrutura interna das vértebras e os discos intervertebrais. Os níveis da coluna vertebral a serem examinados são escolhidos em função dos elementos clínicos e das radiografias de base.

A tomografia revela também os elementos nervosos que as vértebras protegem (medula espinhal e nervos espinhais), invisíveis na radiografia comum.

Graças à tomografia, o médico pode descobrir tecidos calcificados, a presença de uma hérnia de disco ou da compressão óssea das raízes nervosas. Esse exame também permite avaliar fraturas graves e verificar o estado dos músculos raquidianos profundos, mostrando eventuais áreas de atrofia gordurosa (degeneração de tecidos musculares em gordura).

agir

IMAGENS TOMOGRÁFICAS

Uma radiografia comum não oferece a imagem global dos tecidos atravessados pelos raios X. A tomografia permite reconstruir um órgão, plano por plano, como se estivesse sendo analisado corte por corte ao microscópio.

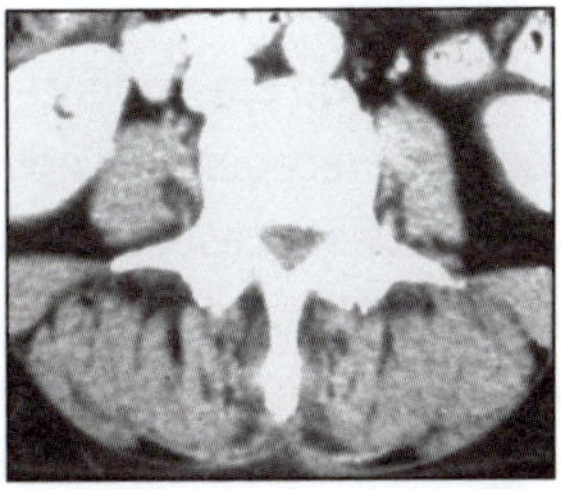

Tomografia de uma vértebra

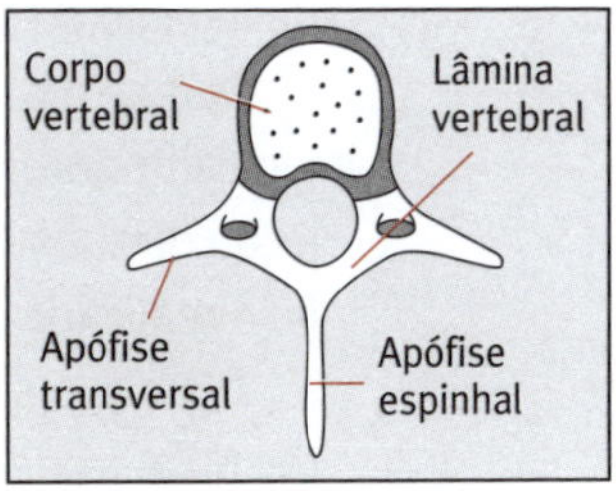

Desenho de uma vértebra

Vantagens

Trata-se de um exame rápido e relativamente acessível em hospitais e clínicas especializadas. Ele fornece informações essenciais para o médico decidir ou desistir de uma intervenção cirúrgica do disco intervertebral.

Indicações

A tomografia pode ser solicitada em caso de dor ciática ou ciatalgia (dor intensa sentida na extensão do nervo), quando um médico sabe ou suspeita da existência de compressão das raízes nervosas, em decorrência de uma hérnia de disco, por exemplo. Ela permite escolher a terapêutica mais adequada e serve para guiar uma eventual cirurgia, que pode ser dispensada se o ciático responder bem e rapidamente ao tratamento.

Contra-indicações e precauções

Para obter imagens com maior nitidez, o médico às vezes injeta no paciente uma substância contrastante à base de iodo. Essa sustância, porém, pode provocar alergia.

Se o paciente tiver alergia ao iodo, é possível realizar um tratamento preventivo alguns dias antes do exame, assim como um teste de tolerância antes da injeção da substância.

Mas se o paciente tiver sofrido um acidente alérgico anteriormente, não pode receber uma nova injeção da substância iodada. Nesse caso, a tomografia é realizada sem o contraste.

É preciso saber também se alguns medicamentos ou afecções crônicas, como distúrbios da tireóide, por exemplo, são incompatíveis com substâncias à base de iodo.

A tomografia utiliza raios X, o que faz dela um exame relativamente irradiante. Por esse motivo, é contra-indicada no caso de gravidez.

A presença de corpos metálicos estranhos – como um projétil de bala, material cirúrgico ortopédico, estimulador cardíaco etc. –, na área a ser examinada, cria zonas de interferências. Nas pessoas obesas, as imagens são difíceis de serem interpretadas, pois os contrastes não ficam tão nítidos.

Crianças e pessoas agitadas talvez precisem de calmantes para se submeter ao exame.

RESSONÂNCIA MAGNÉTICA (RM)

O princípio da ressonância magnética utiliza o fato de as membranas das células do corpo possuírem uma carga elétrica positiva no exterior, e negativa no interior.

O paciente se deita sobre uma maca que desliza numa área não-metálica, produzindo um campo magnético intenso, mas indolor. Esse campo faz os microcampos magnéticos celulares entrarem em ressonância magnética, o que permite, com a ajuda de um computador, reconstruir as imagens que traduzem a função dos diferentes tecidos.

O que a RM revela

A RM mostra as mesmas lesões que a tomografia, porém é mais precisa no estudo dos tecidos moles (sistema nervoso, músculos etc.). Ela fornece informações funcionais sobre os ossos em caso de tumor ou infecção, o que torna possível avaliar melhor os limites das áreas atingidas. Permite ainda um estudo global ou "cortes" em todos os planos.

Principais vantagens

Entre as várias vantagens da RM, as mais importantes são:

• precisão das imagens;
• inocuidade (a ressonância magnética não provoca radiação e nenhum risco relacionado ao campo magnético foi descoberto até o momento);
• ausência, na maioria dos casos, da necessidade de injeção de contrastes. Essas substâncias são necessárias apenas em certas circunstâncias, como quando um exame clínico levanta a suspeita de um tumor do tecido nervoso. Ou quando o paciente foi submetido a uma ou várias intervenções anteriormente e é preciso diferenciar uma cicatriz fibrosa de uma hérnia reincidente.

A substância injetada, nesse caso, é o gadolínio, que não contém iodo nem provoca efeitos colaterais.

Contra-indicações

O exame é contra-indicado:

• em caso de claustrofobia, pois o paciente permanece entre 30 e 45 minutos em uma espécie de túnel, aberto apenas nas extremidades;
• na presença de elementos metálicos no corpo (estimulador cardíaco, prótese ou placas de osteossíntese, principalmente).

Indicações

A ressonância magnética costuma ser solicitada para a exploração da medula espinhal, assim como também em caso de tumores ou doenças infecciosas. É um exame que complementa a tomografia em situações de diagnóstico complexo. A RM tende a substituir a tomografia, justamente por ser inócua, ou seja, por não produzir efeito irradiante.

CINTILOGRAFIA ÓSSEA

Essa técnica se baseia na medição das radiações emitidas por uma substância radioativa (marcador radioativo), que é injetada no paciente por via intravenosa. A substância geralmente utilizada é o tecnécio, pois se fixa bem nos ossos. Com a ajuda de um detector de radiação Geiger, o médico registra as variações de fixação do produto e sua eliminação pelo corpo.

O que a cintilografia mostra A cintilografia óssea revela, precocemente, processos inflamatórios localizados na coluna vertebral, ou nas zonas da coluna que apresentam hipervascularização anormal.

Vantagens É um exame que permite detectar zonas suspeitas e localizar precisamente uma lesão orgânica, às vezes antes que os primeiros sinais apareçam na radiografia clássica. É pouco irradiante, já que a dose de radiação é inferior àquela de uma radiografia simples de pulmão, por exemplo.

Inconvenientes Se a cintilografia óssea é capaz de mostrar o distúrbio em uma zona da coluna, não consegue, porém, a não ser em raras exceções, precisar a sua causa. Por isso, precisa sempre ser complementada por outro exame de imagem.

Além disso, é um exame de acesso difícil, pois precisa ser realizado em uma clínica que disponha de elementos radioativos médicos (caso de alguns hospitais ou clínicas especializadas).

A injeção de substâncias radioativas também exige rigorosas precauções para a manipulação. O exame tem longa duração: cerca de três horas.

Indicações A cintilografia óssea é solicitada pelo médico nos seguintes casos:

- para pesquisar uma afecção difusa (metástases múltiplas) ou mais localizada (reumatismo vertebral ou infecção óssea);
- quando os resultados dos exames de imagem não mostram nada de anormal ou não explicam o motivo de determinada dor. Nesse caso, é importante para o médico precisar seu diagnóstico, identificando se o paciente sofre de distúrbios funcionais, psíquicos ou de doenças orgânicas.

Contra-indicações Todos os pacientes se beneficiam da cintilografia. Precauções devem ser observadas apenas em casos de gravidez e períodos de aleitamento. Devido à presença do tecnécio, a amamentação deve ser interrompida por 24 horas.

RADICULOGRAFIA

Trata-se de um exame radiológico raramente solicitado, pois foi substituído pela tomografia e pela ressonância magnética. Continua, porém, a ser prescrito em casos especiais: antes de uma cirurgia delicada, por exemplo, e se repetidas intervenções tiverem sido feitas na mesma região, deixando cicatrizes difíceis de serem interpretadas com outra técnica de exame de imagem.

A radiculografia se baseia na injeção de uma substância contrastante em torno da medula espinhal ou das raízes nervosas, por meio de uma punção lombar. Pode ser necessária hospitalização, com duração de 24 a 48 horas.

Principais vantagens

Em relação a outros exames de imagem, a radiculografia permite um estudo dinâmico das imagens: o paciente se inclina para a frente ou para os lados, e o médico pode fazer radiografias frontais, de perfil, oblíquas, na posição sentada, deitada ou de pé. O exame pode ser associado à tomografia.

Efeitos colaterais

A substância de contraste iodada clássica pode provocar reação transitória desagradável (ondas de calor e indisposição, por exemplo), mas já existem novos produtos bem mais tolerados.

DENSITOMETRIA ÓSSEA

Esse exame estuda a densidade cálcica dos ossos, por raios X ou por ultra-som. O método que utiliza o ultra-som é mais recente e se aplica sobre o calcanhar. Deve ser avaliado por generalização em relação ao conjunto do esqueleto. O método clássico mede a densidade óssea no nível da extremidade superior do fêmur e das vértebras.

O resultado é expresso em relação às médias baseadas em indivíduos do mesmo sexo e idade, em populações de referência. Esse exame é realizado em clínicas de radiologia ou hospitais devidamente equipados, assim como em consultórios de reumatologistas.

Indicações

A densitometria óssea é solicitada:

- no início da **menopausa**, para avaliar a densidade óssea. Como a menopausa acelera a perda normal de cálcio, que ocorre com o fim do crescimento, o exame revela o "capital" ósseo no início da interrupção menstrual;
- quando a radiografia comum faz o médico suspeitar de uma **osteoporose**, devido a uma grande transparência dos ossos;
- durante o **acompanhamento de um tratamento para osteoporose.** O exame é então realizado um ou dois anos depois do início do tratamento. Não se faz antes porque o tratamento de osteoporose só começa a agir sobre a densidade dos ossos ao final de alguns meses. No caso de compressão vertebral por osteoporose, o exame é inútil, pois o diagnóstico já está consolidado e o tratamento definido.

Outros exames

ELETROMIOGRAFIA (EMG)

É o exame que registra a atividade elétrica de um músculo ou nervo. É utilizado no caso de doenças musculares e de doenças relacionadas ao sistema nervoso, especialmente na parte periférica (raízes nervosas e nervos).

Princípio

As células do corpo diferem quanto à carga elétrica de uma parte a outra da membrana celular (negativa no interior e positiva no exterior). A eletromiografia revela os potenciais elétricos desencadeados por uma despolarização temporária da membrana celular.

Esse estudo pode ser realizado a partir do funcionamento normal dos músculos ou sob o efeito de estimulação (elétrica, geralmente). O registro é feito através de uma agulha-eletrodo espetada no músculo ou por um sistema receptor de superfície. Durante movimentos voluntários ou involuntários, o médico interpreta os registros, constatando se o traçado gráfico é normal ou não.

O exame também ajuda a distinguir causas musculares (miopatia) de causas neurológicas (compressão de um nervo). A estimulação dos nervos por pequenos choques elétricos sem agulha, aplicados sobre regiões acessíveis do corpo, permite calcular a velocidade do influxo nervoso de modo global ou sobre uma parte de seu trajeto.

Indicações A eletromiografia é útil no caso de nevralgias (irritação ou lesão de um nervo sensitivo) dos membros superiores (nevralgia cérvico-braquial) ou dos membros inferiores (nevralgia ciática ou crural).

Vantagens Esse exame permite fazer um diagnóstico preciso da natureza e da gravidade da lesão em um nervo ou músculo. Também permite controlar a evolução e/ou avaliar as eventuais seqüelas, assim como eliminar suspeitas de outras causas ou de doenças associadas.

Relativamente acessível, a eletromiografia possibilita fazer um diagnóstico antes da tomografia ou da ressonância magnética, a qual pode substituir às vezes. Em caso de dúvida sobre os resultados da tomografia e da ressonância magnética, a eletromiografia permite precisar o diagnóstico indicando a origem do distúrbio.

Além do alto custo dos materiais e das agulhas-eletrodo descartáveis, a grande dificuldade do exame está no caráter subjetivo da avaliação muscular (já que os valores normais possuem grande amplitude). Nesse caso, só a experiência do médico pode compensar o problema.

Limites e contra-indicações O exame é um pouco desagradável devido à descarga de pequenos choques elétricos e à colocação de agulhas sobre os músculos. Mas, exceto no caso de pacientes muito sensíveis, pode ser realizado sem maiores problemas.

A eletromiografia é um exame seguro. É contraindicada apenas para pacientes sob tratamento anticoagulante ou que apresentem ausência de placas sangüíneas, pois a perfuração de um músculo profundo pode provocar hematomas.

EXAMES BIOLÓGICOS

Ao contrário das doenças em que são essenciais, os exames biológicos têm papel apenas complementar no caso da dor nas costas, sobretudo quando a causa é mecânica.

Às vezes, eles ajudam a detalhar exames clínicos e completar exames feitos anteriormente, mas não são suficientes para traçar diagnósticos de dor na coluna.

Indicações

Exames biológicos podem ser solicitados quando a causa da dor nas costas for difícil de decifrar: isso acontece quando os sintomas clínicos não são claros, o tratamento não faz efeito e o médico suspeita de infecção.

O que os exames biológicos avaliam

Os exames de sangue permitem detectar dois principais tipos de sintomas biológicos:

• **sintomas de inflamação,** que são percebidos por uma dosagem de proteína C-reativa (CRP) ou pela medição da velocidade de sedimentação (VS);

• **sintomas de infecção,** que aparecem através da numeração da fórmula sangüínea (NFS), que mostra o aumento dos glóbulos brancos, especialmente os polinucleares neutrófilos.

Mais raramente, o médico pode solicitar marcadores específicos de inflamações (pesquisa do marcador tecidual BW27, geralmente associado à espondilite anquilosante) ou aqueles referentes à cancerologia (pesquisa dos marcadores de câncer, prostáticos, por exemplo, em caso de metástase a partir da próstata).

6

Tratamento e prevenção

- Buscar ajuda
- Medicamentos
- Cinesioterapia e técnicas de reeducação
- Fisioterapia e termalismo
- Proteção diária
- Aparelhagem ortopédica
- Cirurgia
- Osteopatia
- Aspectos psicológicos

Buscar ajuda

Exceto nos casos em que a dor nas costas é sintoma de doença grave, o tratamento tem dois objetivos:
• diminuir o sofrimento e o incômodo que o paciente sente ao se movimentar;
• evitar agravamentos ou complicações.

Para isso, o tratamento deve combater três elementos de um preocupante círculo vicioso: dor, inflamação e contração muscular, pois cada um pode reativar os demais.

OUTROS ESPECIALISTAS

Além dos clínicos gerais e especialistas, o paciente que sofre de dor nas costas pode recorrer a:
• profissionais paramédicos, como massagistas, cinesioterapeutas, podólogos ou ergoterapeutas (reeducadores das atividades funcionais);
• psicólogos;
• engenheiros e técnicos, como ortoprotesistas (que fabricam coletes ou próteses), mas também engenheiros projetistas, ergonomistas de empresas, fabricantes de artigos esportivos etc.
• profissionais de atividades corporais em sentido amplo: professores de educação física, instrutores de relaxamento, de ioga, de centros de condicionamento físico etc.

Tipos de tratamentos

Em função do diagnóstico e do conhecimento que tem do paciente, o médico pode recorrer a:

- medicamentos;
- sessões de reeducação corporal;
- medidas ergométricas (melhoria do local e das posturas de trabalho, da posição para dirigir etc.);
- proteção raquidiana ou algum aparelho postural;
- intervenção cirúrgica;
- acompanhamento psicológico.

AGIR E NÃO SOFRER

A dor nas costas pode ser tratada de várias formas. É essencial, porém, começar avaliando os próprios ambientes profissional e pessoal, readequando equipamentos. Imprescindível também é dedicar-se mais às técnicas de reeducação corporal. Mais do que em outras patologias, as dores nas costas exigem que o paciente leve o tratamento a sério.

Medicamentos

Os medicamentos empregados para tratar os males das costas visam controlar a dor, reduzir a inflamação e promover o relaxamento muscular. Outras indicações são mais raras.

A eficácia dos medicamentos depende da sua ação farmacológica, da causa da dor (quando sua origem tiver sido encontrada), mas também do modo como são administrados e da confiança que o paciente deposita no medicamento.

ANTÁLGICOS

São os medicamentos cujo efeito principal é combater a dor. Também são chamados de analgésicos e se classificam em três grupos, de acordo com seus efeitos.

Antálgicos do tipo 1

São muito eficazes, especialmente se ingeridos em certa dosagem, por um determinado período, e de modo regular, a cada seis horas, por exemplo, sempre antes que a dor retorne.

Nessas condições, todos os estudos mostram que a quantidade de medicamentos ingeridos acaba sendo menor e o alívio maior, principalmente quando comparadas a situações em que o paciente se medica pouco a pouco e apenas quando a dor intensa retorna.

A regularidade na ingestão de certos medicamentos tem a vantagem de não viciar: cada dose age antes que a anterior tenha perdido totalmente o efeito. Dessa maneira, o paciente não tem motivo para aumentar as doses a fim de obter o mesmo efeito analgésico.

- **Os princípios ativos** desses medicamentos são o paracetamol e o ácido acetilsalicílico. São antálgicos comuns, de venda liberada, no entanto, são ativos e apresentam **efeitos colaterais** e **contra-indicações**, como:
  - risco hepático (distúrbio no fígado) e acidente alérgico, este efeito no caso do paracetamol;
  - risco de hemorragia e acidente alérgico, no caso do ácido acetilsalicílico. O princípio ativo em questão é contra-indicado em caso de doença de coagulação, tratamento anticoagulante ou úlcera evolutiva. Não deve ser associado a outros medicamentos como antiinflamatórios não-esteróides (AINEs). Recomenda-se também evitá-lo no final da gravidez, no perío-

DAR ATENÇÃO À RECEITA E À BULA

É importante ler a receita médica para compreender as doses, horários e duração do tratamento. Respeitar o intervalo entre as ingestões é essencial, para evitar superdosagem (intervalos muito curtos) ou ineficácia relativa (intervalos espaçados demais).

Ler a bula do medicamento com atenção serve para o paciente verificar se não existem contra-indicações à fórmula do medicamento, as quais possam ter sido ignoradas pelo médico, como o início de uma gravidez ou predisposição a alergias.

COMO AVALIAR O EFEITO ANTÁLGICO DE UM PRODUTO

Dor: noção subjetiva

Para avaliar se o tratamento contra a dor é eficiente, deve-se considerar seu efeito sobre a prostração, ou seja, sobre a capacidade de o paciente conseguir melhorar sua mobilidade espontânea.

Esse tipo de observação, que é praticada em relação aos animais, desconsidera a característica subjetiva da dor. Uma vez que os seres humanos se expressam pela linguagem, quando alguém diz que sente dor, imediatamente supõe-se que a pessoa está realmente sentindo dor. Mas essa dor pode variar dependendo das circunstâncias, das pessoas e da cultura a que pertencem. Esse é o aspecto subjetivo da dor, ou seja, dentro de um mesmo quadro, enquanto uma pessoa diz sentir apenas "uma sensação de desconforto", outra pode dizer que sente "uma dor insuportável".

Escala Visual Analógica (EVA)

A maioria das pessoas de uma mesma cultura exprime suas dores do mesmo modo e com as mesmas palavras. É essa noção de expressão da dor que faz com que seja possível generalizá-la na Escala Visual Analógica (EVA) da dor. Esse teste permite comparar um novo produto contra a dor com outro já conhecido. Para isso, o paciente dispõe de uma régua e um cursor. De um lado, a régua é graduada de 0 a 10, enquanto, do outro, não existe graduação, mas termos como "sem dor" e "máxima dor imaginável". O paciente olha o lado não-graduado e coloca o cursor de acordo com a dor que sente. O examinador lê e anota o resultado no lado graduado. Na consulta seguinte, depois do tratamento com analgésicos, a operação é retomada e assim verifica-se se o tratamento fez a dor diminuir ou não.

Lado com cursor, sem graduação (para o paciente)

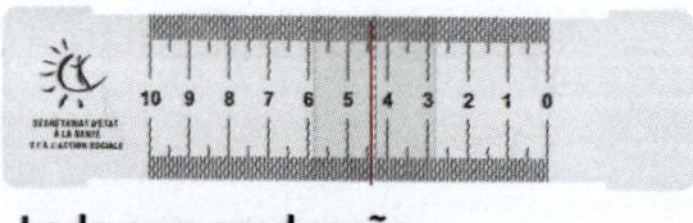

Lado com graduação (para o examinador)

do de amamentação e em crianças pequenas com gripe e varicela (catapora).

Os médicos também utilizam medicamentos classificados como antiinflamatórios, mas que possuem efeito analgésico em doses fracas. Indicações, contra-indicações e efeitos colaterais desses medicamentos são os mesmos do ácido acetilsalicílico.

Antálgicos do tipo 2

Em geral, são produtos que associam um antálgico do tipo 1 a uma substância que aumenta sua eficácia, ao torná-la mais tolerável, ou ao potencializar seu efeito por ação complementar.

Entre os produtos associados ao paracetamol, encontram-se a cafeína, a codeína e a dextropropoxifena.

Medicamentos como esses podem provocar **efeitos colaterais** que se somam àqueles dos do tipo 1, quando associados. São eles: sonolência e constipação, quando associados com a codeína; excitação e insônia, quando associados com a cafeína; desorientação, hipoglicemia e problemas hepáticos, quando associados com a dextropropoxifena.

Já os medicamentos à base de noramidopirina expõem o paciente, em certas condições, ao risco de aplasia medular (diminuição dos glóbulos brancos).

O tramadol é um opiáceo leve utilizado sozinho ou com o paracetamol. Como a codeína, pode causar sonolência e constipação, mas também sensação de embriaguez nas primeiras ingestões.

Antálgicos do tipo 3

A morfina é a substância principal desse grupo. Ela pode ser administrada em xarope ou em cápsulas de gelatina, para um efeito mais lento (12 horas com apenas uma ingestão).

Existem ainda medicamentos que visam os mesmos receptores nervosos que a morfina e que foram inicialmente desenvolvidos para a abstinência de toxicômanos.

Tratamentos com esses medicamentos são indicados por períodos curtos, para, por exemplo, aliviar uma nevralgia intensa ou uma crise de ciático, cuja dor não é aliviada por outros analgésicos.

Os antálgicos do tipo 3 ainda são pouco utilizados. A cautela não é dos médicos, mas dos pacientes, que equivocadamente temem se tornar viciados (ver quadro abaixo).

Os antálgicos do tipo 3 visam trazer alívio rápido ao paciente, mas também prevenir uma possível "memória" da dor neurológica (quando a percepção da dor persiste mesmo quando a causa periférica desaparece).

MITOS SOBRE A MORFINA

- Ninguém se torna viciado por ingerir morfina para aliviar a dor, pois a substância age sobre os receptores da dor e não sobre os receptores cerebrais relacionados à toxicomania.
O risco de dependência é praticamente nulo, exceto em indivíduos predispostos, como no caso de personalidades frágeis ou de antigos toxicômanos.
- A morfina não altera as funções intelectuais quando é administrada em doses terapêuticas.
- Médicos prescrevem morfina como tratamento para aliviar a dor e não porque acham que o paciente está no final da vida.

Tratamentos curtos geralmente são bem tolerados. O paciente pode sentir náuseas, mas como a morfina tem efeito associado ao bloqueio parcial dos músculos intestinais, dosagens adaptadas fazem o incômodo diminuir. Esse tipo de tratamento, porém, nunca é prescrito por mais de oito dias. Sua continuação é avaliada em função da evolução da dor e dos resultados dos exames. Em geral, tratamentos curtos apresentam resultados excelentes, o que permite voltar à terapêutica com ingestão de medicamentos comuns.

ANTIINFLAMATÓRIOS NÃO-ESTERÓIDES (AINES)

Assim como os antálgicos, os antiinflamatórios não-esteróides têm várias apresentações (cápsulas, supositórios, injeções e pomadas), diferentes posologias e efeitos, que podem ser rápidos ou lentos (de apenas uma ingestão por dia).

Esse grupo de antiinflamatórios é composto por moléculas bem conhecidas, como indometacina, diclofenaco, etodolaco, ketoprofena, ibuprofena, piroxicam, tenoxicam, ácido niflúmico, ácido tiaprofênico, naproxena e colchicina. Recentemente surgiram novas moléculas, do tipo "cox-2", que inibem os mediadores químicos da inflamação articular. A eficácia e a tolerância desses medicamentos também melhoraram.

Indicações Os antiinflamatórios não-esteróides são prescritos em situação de emergência, para pacientes que sofrem de dor lombar aguda. Na maioria dos casos também são receitados miorrelaxantes (ver págs. 86-87), geralmente na forma de injeção.

Os AINEs são especialmente indicados em caso de patologia inflamatória, como a espondilite anquilosante ou a poliartrite reumatóide (que pode atingir o alto do pescoço). Esses medicamentos também são apresentados na forma de pomadas para massagear regiões doloridas.

Efeitos colaterais

Alergias e **problemas digestivos**, como úlcera e hemorragia, seja qual for a forma de ingestão, são os principais efeitos colaterais desses medicamentos. Além disso, alguns deles podem ocasionar intolerância hepática ou renal. Por isso, de acordo com o estado do paciente, é necessário acompanhar os efeitos colaterais que ele pode vir a apresentar.

Riscos de efeitos colaterais aumentam com o uso de outros medicamentos. Isso ocorre tanto em tratamentos habituais (que deve ser relatado ao médico), quanto no caso de ingestão ocasional (de ácido acetilsalicílico, por exemplo), pois a combinação de medicamentos muitas vezes multiplica os riscos de complicação gástrica.

É desaconselhável ingerir AINEs por contra própria (para terminar um tratamento anterior ou por aceitar medicamentos "prescritos" por amigos e parentes, por exemplo).

Além dos AINEs, os médicos podem prescrever medicamentos que protegem a parede do estômago ou diminuem as secreções ácidas, limitando assim os riscos de distúrbios digestivos. Alguns médicos adotam essa prática sistematicamente, outros apenas em virtude dos antecedentes do paciente ou de tratamentos associados, quando efeitos colaterais têm grande probabilidade de ocorrer.

Os AINEs do tipo "cox-2" apresentam efeitos colaterais menos marcados, especialmente no âmbito digestivo. Proteger o aparelho gástrico é essencial para os pacientes com mais de 75 anos e para os que sofrem de úlcera.

ANTIINFLAMATÓRIOS

Distinguem-se dois tipos de antiinflamatórios: não-esteróides (AINEs) e os corticosteróides – cortisona e derivados. Esses produtos não estão entre os antálgicos, mas, para aliviar a dor nas costas, devido a seu efeito calmante, alguns podem ser utilizados em dosagem mais fraca.

CORTICOSTERÓIDES (CORTISONA E DERIVADOS)

A cortisona é um hormônio produzido pela glândula supra-renal, que tem papel fundamental tanto no metabolismo quanto nos fenômenos biológicos e clínicos relacionados ao estresse.

Na terapêutica, geralmente são utilizados hormônios de síntese ou análogos ao hormônio hipofisário responsável pela secreção da cortisona natural. Os medicamentos comuns são derivados da prednisona ou da metasona. Esses medicamentos são utilizados por causa de seu **efeito antiedematoso,** que pode ajudar, por exemplo, a descongestionar uma raiz nervosa comprimida por uma hérnia de disco.

Eles também possuem efeito **euforizante** (melhoram o humor) e **antálgico**.

Efeitos colaterais

Os efeitos da cortisona agem sobre o metabolismo, aumentando a retenção de água e destruindo proteínas. No caso da dor nas costas, os tratamentos têm geralmente curta duração, caso contrário, o consumo de sal deve ser reduzido (por isso é preciso evitar colocar sal nos alimentos ou na água de cozimento, e reduzir também o consumo de queijos, embutidos e conservas).

Como os AINEs, os corticosteróides aumentam o risco de úlcera no estômago. Eles também têm efeito psicológico: geralmente euforizantes, em certas doses e de acordo com a susceptibilidade individual, podem desencadear episódios de delírio agudo.

Cortisona por via geral

É uma indicação mais rara do que a dos AINEs. A cortisona é utilizada em certas formas de nevralgia muito dolorosas ou depois de intervenções cirúrgicas, para casos pós-operatórios complicados. Às vezes, é associada a antibióticos para curar infecções vertebrais graves, tanto no início do tratamento quanto no caso de metástases avançadas.

Com a melhora da eficácia dos antálgicos e das terapêuticas não-medicamentosas, a indicação da cortisona por via geral se tornou rara no tratamento da dor nas costas. Assim, não é mais recomendada para o tratamento de lombalgias comuns: os AINEs são mais eficazes para isso e provocam menos efeitos colaterais.

Cortisona por via local: infiltrações

Infiltração é a injeção de um líquido em um espaço anatômico (ligamentos vertebrais, por exemplo), feita utilizando-se agulha e seringa. São usados medicamentos à base de cortisona ou de seus derivados. É uma técnica relativamente comum no tratamento da dor em pacientes que sofrem de nevralgias (ciático, cruralgia) ou no caso de artrose, quando um encolhimento do canal lombar causa compressão das raízes nervosas.

Realizada pelo médico, a injeção é feita com medicamento de cortisona, estéril e de forma lenta. O medicamento, transformado em cristais, funde-se progressivamente, o que produz efeito de longa duração, já que estes vão se espalhando aos poucos pelo corpo. Os produtos utilizados nas infiltrações da coluna são corticóides bem tolerados pelo sistema nervoso, como a betametasona.

Existem dois tipos de infiltrações:

- **Infiltrações radiculares**, ou epidurais (peridurais): são injeções feitas na raiz nervosa, na zona em que ela deixa a coluna vertebral, entre duas vértebras. Esse tipo de infiltração é freqüentemente realizada sob o controle radiológico. Não existe anestesia, porque, desse modo, o paciente sente a raiz assim que é tocada, o que permite ao radiologista se posicionar melhor.
- **Infiltrações intratecais,** ou intradurais: são injeções de medicamentos no líquido cefalorraquidiano, a partir de duas técnicas:
  - por punção lombar (como na raquianestesia);
  - no espaço epidural (como na anestesia peridural).

Também é possível infiltrar articulações intervertebrais posteriores, exatamente entre os pontos percebidos sob a pele. O principal risco dessa técnica, embora raro, é a **infecção**. Porém, ao menor sinal de alguma alteração (febre, inchaço ou calor local) após a infiltração, é preciso relatar o caso imediatamente ao médico.

Contra-indicações em relação às infiltrações incluem distúrbio grave de coagulação e infecção local (espondilite).

MIORRELAXANTES

Problemas musculares, isolados ou associados a outras causas, são fonte freqüente de dores nas costas. Nesses casos, os médicos prescrevem medicamentos miorrelaxantes, que provocam o relaxamento das **contrações musculares**.

Os medicamentos utilizados agem em um ou vários níveis da cadeia que liga os músculos raquidianos ao sistema nervoso: sobre a fibra muscular, a articulação nervo-muscular (placa motora), a medula espinhal, os centros cerebrais que comandam o tônus dos músculos ou o controle ativo dos movimentos.

Medicamentos prescritos

Em caso de dor nas costas, os miorrelaxantes mais freqüentemente prescritos são o tiocolchicosido e os medicamentos de efeito central.

• a ação do tiocolchicosido se concentra no nível muscular e espinhal. Esse medicamento é encontrado em comprimidos (com a ingestão de dois por dia), em injeção e pomada. Entre seus efeitos secundários estão diarréias e reações alérgicas;

• produtos de efeito central (que agem sobre o cérebro) são em geral tranqüilizantes. Seu efeito colateral principal é a sonolência, mas também pode provocar relaxamento intenso dos músculos, o que paradoxalmente favorece a contração, ao estimular os receptores dos ligamentos e dos tendões. Por isso, é melhor ingeri-lo à noite, pelo menos no início do tratamento.

Entre o grupo de miorrelaxantes estão ainda outros medicamentos, como o curare e os medicamentos de síntese. Essas substâncias poderosas provocam efeitos colaterais graves e são utilizadas apenas em anestesias e no tratamento de contrações de pacientes paraplégicos.

OUTROS MEDICAMENTOS

Outros medicamentos podem ser utilizados no combate da dor nas costas, como medicamentos antiartrósicos, adenosina trifosfato (ATP) e uridina trifosfato (UTF).

Antibióticos

São utilizados para tratar as espondilodiscites (infecções do disco e do corpo vertebral). Essas infecções pós-operatórias ou resultantes de uma infecção distante (resultante de um cateter intravenoso, por exemplo) são difíceis de diagnosticar e precisam de tratamento antibiótico prolongado (seis meses ou mais). O médico também pode prescrever antibióticos para curar infecções raquidianas primitivas em caso de brucelose ou tuberculose.

Medicamentos antiartrósicos

Esses medicamentos retardam a evolução da artrose, mas agem muito lentamente. São derivados da soja ou do abacate, por isso bem tolerados na maioria dos casos, ainda que provoquem diarréias. A diacereína parece mais eficaz, porém demanda tratamento mais longo (45 dias, em média).

ATP e UTF

A **adenosina trifosfato (ATP)** é uma molécula que tem papel fundamental na estocagem de energia para a contração muscular. Em sua presença, os dejetos de lactatos, que causam câimbras, são menos abundantes do que em pessoas que praticam esportes.

Pesquisas comprovam que o número dessas moléculas diminui no caso de dores dorsais de componente muscular, com fatigabilidade e episódios de lumbago recorrentes. Uma molécula parecida – a **uridina trifosfato (UTF)** – tem o mesmo efeito e também age no sistema nervoso.

Os medicamentos concebidos a partir dessas moléculas melhoram progressivamente a qualidade da contração muscular e diminuem as dores. Não possuem contra-indicações (exceto, às vezes, quando causam leve perturbação do sono).

São indicados para dorsalgia benigna da mulher jovem, de origem puramente muscular. Como seus efeitos aparecem depois de um mês, é preciso não interromper o tratamento antes desse período.

Moduladores da dor

São medicamentos prescritos em caso de dores crônicas ou de tipo neurológico (ciático grave, por exemplo), para evitar "memória" da dor no cérebro e diminuir a sensibilidade dos receptores da dor.

Moléculas da família dos neurolépticos são utilizadas no caso de dor nas costas – amitriptilina, compramina e carbamazepina –, porém as doses são mais fracas do que na principal indicação desses medicamentos (depressão, no caso dos dois primeiros; epilepsia, no caso do terceiro).

É preciso considerar um período mínimo de um mês de impregnação. A continuação do tratamento é decidida conforme os resultados da medicação.

Pomadas

Aplicação de pomadas é um procedimento comum para aliviar a dor nas costas. Entre seus ingredientes ativos podem estar o ácido acetilsalicílico, um miorrelaxante, um antiinflamatório ou um extrato vegetal (menta, eucalipto etc.).

Essas pomadas trazem alívio, embora não se saiba ao certo se este ocorre por causa do efeito mecânico da massagem e do aquecimento que ela causa, ou da eficácia do produto utilizado, cuja penetração através da pele é aleatória. Também existe aí o efeito placebo, perceptível pela ligação intensa entre o paciente com dor nas costas e a "sua" pomada.

Na prática, esses produtos não oferecem risco, mas devem ser evitados em caso de reação alérgica ou de doença da pele (erupção ou eczema), especialmente em crianças, pois a penetração cutânea é mais efetiva nas pessoas jovens, daí maior a probabilidade de causar efeitos colaterais.

MÉTODOS DE RELAXAMENTO MUSCULAR

Em alguns casos, é possível controlar as contrações musculares sem fazer uso de medicamentos miorrelaxantes, mas por meio de técnicas de reeducação e osteopatia. Ou, ainda, por meios mais simples e eficazes, que podem ser feitos em casa, tais como:

- banhos quentes, em que se dilui ácido salicílico na água;
- pulsações de ar quente sobre as regiões doloridas, feitas com a ajuda de um secador de cabelo;
- massagens, mas sempre fora dos períodos de dor aguda;
- aplicação de bolsa térmica sobre a área dolorida.

Cinesioterapia e técnicas de reeducação

A cinesioterapia, ou "tratamento através do movimento", é uma técnica de reeducação que ocupa lugar de destaque no tratamento da dor nas costas.

Os métodos de cinesioterapia podem ser aplicados por médicos, sobretudo especialistas em fisiatria, ou ainda por massagistas especializados em cinesioterapia.

O QUE FAZ UM CINESIOTERAPEUTA

O cinesioterapeuta é um auxiliar que age sob prescrição médica ou, em certos casos, por conta própria. Ele pode trabalhar em hospitais, centros de reeducação ou em seu próprio consultório. Sua missão é melhorar ou restabelecer a motricidade normal de pacientes que apresentam perturbação do aparelho locomotor. Essa perturbação pode estar relacionada a traumatismos (fratura, entorse etc.), deformidades da coluna (escoliose) ou reumatismos. Esse profissional também intervém para restabelecer a força da musculatura dorsal ou abdominal e para ensinar técnicas de manutenção da mobilidade corporal.

SOBRE QUAIS FUNÇÕES A CINESIOTERAPIA AGE

Um movimento solicita várias funções ou partes do corpo:

• de onde se faz o movimento (centro de uma articulação, por exemplo);

• dos músculos realizadores, que coordenam os movimentos por intermédio de tendões, os quais encolhem ou alongam os músculos;
• dos nervos, que comandam e coordenam a contração dos músculos sob o efeito da vontade e dos controles automáticos.

Assim, a **cinesioterapia** deve agir:
• sobre os músculos, avaliando sua força, capacidade de alongamento e retração, fatigabilidade, regularidade de contração e de relaxamento;
• sobre os tendões, verificando a transmissão adequada da força dos músculos e os eventuais obstáculos aos deslizamentos (aderências nas bainhas tendinosas, contrações de músculos opostos);
• sobre as articulações, ao liberar eventuais aderências que bloqueiam o movimento e ao favorecer a recuperação da amplitude normal;
• sobre o comando motor e as informações corporais, ao avaliar as sensações cutâneas que informam o cérebro sobre as posições do corpo, equilíbrio e harmonia do movimento.

TÉCNICAS BÁSICAS DA CINESIOTERAPIA

A cinesioterapia não deve ser experimentada como atividade passiva: quanto mais o paciente se empenha, mas se torna eficaz. No início do tratamento, o cinesioterapeuta faz uma "avaliação de reeducação". Ele avalia o incômodo sentido pelo paciente e controla, pelo exame visual e pelas palpações, o estado dos tecidos (pele, tecidos subcutâneos, músculos, articulações e ossos), assim como a amplitude e a qualidade dos movimentos ativos e passivos (ver pág. 50).

A partir daí, ele pode determinar um tratamento e definir o número adequado de sessões, fixando seus objetivos. Os resultados esperados nessas sessões são indicados no início do tratamento pelo médico responsável, de acordo com as possibilidades e vontade do paciente.

O médico também deve prever eventuais contraindicações de técnicas precisas da cinesioterapia, como riscos decorrentes da aplicação de calor e de manipulação sobre vértebras operadas, por exemplo.

Ginástica

A causa da dor nas costas determina a escolha dos exercícios específicos da cinesioterapia. De acordo com as possibilidades dos pacientes, são definidas a progressão de exercícios e a maneira como serão adaptados.

Se for preciso desenvolver mais força muscular, será privilegiado o trabalho estático. Nesse caso, o músculo trabalha contra uma resistência, mas sem movimento global (ou, então, muito leve), já que os músculos raquidianos se ocupam do trabalho estático (manutenção das posturas).

Já, ao contrário, para fortalecer a musculatura abdominal ou pélvica, são sugeridos movimentos dinâmicos.

Controle do movimento

A cinesioterapia ajuda o paciente a tomar consciência dos movimentos que ele pode realizar e daqueles que deve evitar. Ele pode, por exemplo, ser levado a alongar certos músculos dos membros, realizar exercícios de equilíbrio ou exercícios práticos, como levantar algum tipo de peso.

Propriocepção raquidiana

Propriocepção é a sensibilidade do sistema nervoso às informações vindas dos músculos, articulações e ossos. Os exercícios de equilíbrio – sentado, em pé ou de joelhos – solicitados pelo cinesioterapeuta visam reeducar esse controle elementar dos movimentos, os quais podem ser alterados por distúrbios nos nervos ou na medula espinhal, por exemplo.

Massagens

No âmbito da reeducação da coluna vertebral, as massagens objetivam:

- levar ao cérebro informações sobre a posição real do corpo, ao estimular receptores sensitivos da pele através da massagem;
- facilitar o trabalho dos músculos aquecendo ou alongando-os;
- aliviar ou alongar as fáscias (tecidos subcutâneos que servem de contra-apoio para os músculos).

MÉTODOS DE REEDUCAÇÃO

Existem vários métodos de reeducação, que diferem por suas técnicas e indicações. O principal, porém, é a competência e experiência do cinesioterapeuta. De acordo com o paciente, ele escolhe um método preciso de reeducação ou combina várias técnicas, levando em conta o incômodo sentido pelo paciente e a origem da dor, mas também o resultado das primeiras sessões.

Fisioterapia e termalismo

FISIOTERAPIA

A fisioterapia reúne diferentes tratamentos que utilizam meios físicos e mecânicos, principalmente aparelhos que transmitem ondas ou calor.

Os tratamentos são aplicados sozinhos, em associação ou como complemento de outras técnicas da cinesioterapia.

O paciente pode às vezes aplicá-los sozinho, mas geralmente quem faz isso são cinesioterapeutas, fisioterapeutas, reumatologistas e, às vezes, radiologistas.

Eletroterapia

É a técnica de fisioterapia mais conhecida. Consiste em aplicar diferentes tipos de corrente elétrica em diversas freqüências e amplitudes.

A corrente, que se espalha a partir de eletrodos colocados sobre a pele, promove, segundo o caso, efeitos **antálgicos, miorrelaxantes, tonificantes.**

Alguns aparelhos de eletroterapia estão disponíveis para compra. É melhor escolher um modelo simples, com algumas funções: com regulagem para "antalgia" e para "fortalecimento muscular" já é o suficiente.

Algumas precauções são indispensáveis: a eletroterapia deve ser praticada apenas sobre a pele sadia. Não se pode deixar os eletrodos tempo demais no mesmo lugar, sob risco de o paciente se queimar sem perceber, pois a passagem da corrente diminui a sensibilidade da pele.

A eletroterapia médica envolve várias técnicas:

- **Estimulação elétrica nervosa transcutânea** (TENS, na abreviação em inglês). Essa aparelhagem de eletroterapia, simples e portátil, pode ser utilizada para aliviar dores crônicas, como, por exemplo, as que ocorrem após cirurgias, quando dores colaterais resultam de cicatrização ruim.
- **Ionização.** Essa técnica de eletroterapia tem ação local, indicada em casos de nevralgia, contrações, dores tendinosas ou articulares.

A ionização é feita aplicando-se eletrodos sobre a pele, os quais difundem uma corrente elétrica leve e em profundidade. Os eletrodos são cobertos por esponjas embebidas em substâncias medicamentosas (antiinflamatórios não-esteróides) ou outros produtos.

Ondas curtas

Essa técnica é geralmente eficaz para aliviar a dor nas costas, pois a onda se espalha bem e em profundidade ao longo das estruturas ósseas. Provoca efeito ao mesmo tempo **antálgico** e **miorrelaxante.**

Os aparelhos só podem ser utilizados por médicos ou sob sua responsabilidade direta. Encontrados principalmente em centros de reeducação, são usados por especialistas em fisiatria.

Ultra-sons

Utilizados em ecografias com fins diagnósticos, os ultra-sons também são empregados em reeducação. Sua ação é essencialmente defibrilante: permitem liberar aderências, as cicatriciais, por exemplo, entre a pele e os músculos; ou, ainda, entre a pele e a apófise posterior superficial (que é percebida ao longo das costas). Como sua penetração é fraca, eles têm uso limitado no âmbito das dores nas costas profundas.

Aplicações de calor

Raios infravermelhos, como aplicações de lamas termais ou de parafina, procuram promover aquecimento intenso, o que tem bom efeito antálgico. Essas técnicas exigem, contudo, acompanhamento rigoroso para evitar queimaduras. Por isso, só devem ser realizadas por um profissional.

Trações vertebrais

Essas manobras consistem em alongar uma parte da coluna vertebral para obter efeito terapêutico ou analgésico. Só podem ser feitas sob controle médico estrito e necessitam de um diagnóstico preciso para eliminar o risco de eventual paralisia.

As mesas de tração vertebral modernas são acopladas a computadores, que permitem controlar a força exercida ao modificar a intensidade de modo progressivo.

Trações leves (3 kg), realizadas com a ajuda de correias, arreios e polias, podem ser praticadas para aliviar as dores cervicais. As mesas de tração vertebral, onde são feitas trações pesadas (até 40 kg), são empregadas principalmente quando a dor é lombar e aguda (as trações vertebrais não são recomendadas em caso de lombalgias crônicas, pois sua eficácia não foi comprovada).

TERMALISMO

Cuidados providenciados através da pele (balneoterapia ou talassoterapia) são recomendados para o tratamento de dores crônicas nas costas.

Efeitos da água

A portância (ou diminuição da força da gravidade) melhora dentro da água, tornando os movimentos mais fáceis. A água também cria efeito de resistência ou de facilitação (de acordo com o sentido do movimento efetuado pelo paciente ou com a criação de correntes de água), assim como efeito de drenagem circulatória, com pressão mais forte sobre a bacia do que sobre o tórax.

Temperaturas diferentes também têm propriedades benéficas sobre a pele (água fria) ou sobre as contrações musculares (água quente).

O efeito psicológico, por sua vez, também é real: ficar dentro da água relaxa e promove bem-estar.

Técnicas de aplicação da água – banhos, jatos filiformes, afusões, cataplasmas de lama, mobilizações na piscina etc. – são fundamentais, pois trazem resultados diferentes ao estimular receptores cutâneos precisos.

Enfim, por sua composição em oligoelementos (elementos químicos essenciais à vida) e por sua temperatura, águas de estações termais ou marinhas apresentam efeitos benéficos para a dor nas costas.

Proteção diária

POSTURAS ADEQUADAS

Proteger as costas implica antes de tudo adotar posturas adequadas para a coluna. Desde cedo é fundamental ensinar posições corretas às crianças, para evitar que sofram de dor nas costas mais tarde. Dar exemplo é o melhor ensinamento.

As posturas ideais apresentadas a seguir são adaptáveis à composição física de cada um. Uma pessoa pequena e de baixa estatura não se posiciona do mesmo modo que uma pessoa grande e alta. A postura correta, porém, é aquela que, ao mesmo tempo, **economiza energia** e é mais **estável**.

Posição deitada

- A melhor posição para dormir é aquela que não provoca contrações nem dores ao levantar. Ideal é dormir de costas (e não de barriga para baixo); ou ainda de lado, com a cabeça alinhada com as costas, nem inclinada para a frente nem para trás. Quando não se pode dormir de costas (no final da gravidez ou devido a algum distúrbio digestivo ou cardíaco), é preferível apoiar-se em um grande travesseiro que ultrapasse as omoplatas e apóie os ombros. Rolos são desaconselháveis, pois fazem o pescoço dobrar demais.
- A cama deve ser firme, com colchão com densidade adequada. Colchões que deformam com o peso do corpo devem ser evitados.

Posição sentada

- As costas devem se apoiar em um encosto, as nádegas bem no fundo da cadeira, os pés posicionados sobre o chão e as pernas devem ficar descruzadas: essa é a melhor postura. É preciso evitar sentar-se de lado ou na borda da cadeira.
- Apesar de várias pesquisas realizadas, especialmente na Suécia, não existe um assento ideal. Na prática, é melhor cada um escolher o assento conforme a própria composição física, colocar uma almofada sob as nádegas (se necessário) e evitar assentos ou poltronas baixas demais.

Posição em pé

É preciso adotar a posição ereta, simétrica, sem se apoiar sobre um dos lados dos quadris. Os braços podem ficar soltos ou cruzados. Na posição ideal, a resistência e a inércia naturais do esqueleto devem ser suficientes para manter a postura, solicitando pouco os músculos dorsais e abdominais.

CRIANÇAS NA ESCOLA

Carteiras escolares padronizadas na posição horizontal são muito contestadas pelos especialistas da coluna vertebral, pois as crianças precisam se inclinar muito para ler ou escrever. Os especialistas recomendam que essas mesas tenham inclinação de 20°.

ERGONOMIA DA COLUNA

Para manter posturas adequadas no trabalho (ou em outras atividades repetitivas, como dirigir, por exemplo), pode-se tanto adaptar as posições em relação ao equipamento existente quanto adaptá-lo à postura ideal.

A ergonomia da coluna pesquisa a melhor adaptação entre um equipamento (computador ou carro, por exemplo) e seu usuário, com o objetivo de proteger as suas costas. A medicina do trabalho também pode ajudar empresas e funcionários a verificar a adequação do ambiente funcional.

Guiar um automóvel

- É preciso regular assento e retrovisores para conseguir permanecer sentado com as costas bem apoiadas e as nádegas no fundo do assento, formando um ângulo entre o quadril e o abdômen superior a 90°.
- Os pés devem se apoiar no chão.
- É preciso sempre conferir a posição do retrovisor.

Levantar peso ou uma criança

- Quanto mais alguém inclina o corpo para a frente, mais o braço de alavanca (a distância que separa uma força de seu ponto de aplicação, isto é, o eixo do tronco) aumenta e maior a demanda da força muscular. É preciso, portanto, diminuir o braço de alavanca aproximando o peso erguido do tronco ou, melhor, carregando o peso sobre os ombros ou a cabeça.
- Para levantar peso, é preciso diminuir ao máximo possível a altura a ser percorrida, flexionando os joelhos ou apoiando um joelho no chão. Essa postura é mais fácil do que dobrar as pernas, principal-

ALGUNS GESTOS SIMPLES

Na vida cotidiana, as costas devem permanecer eretas na maior parte do tempo, para assim poupar ao máximo o trabalho dos músculos dorsais.

Posições sexuais raramente desencadeiam dor nas costas. O prazer libera endorfinas que, ao contrário, têm efeito euforizante, calmante e relaxante.

mente porque isso exigiria mais força, causando incômodos para quem já sofre de dor nas rótulas.

- O braço de alavanca em rotação é um elemento muito importante a ser considerado. Quando se levanta um peso, é preciso colocar-se de frente e não de lado. Por exemplo, para esvaziar um carrinho de supermercado no porta-malas do carro, é preciso erguer os pacotes, posicioná-los contra si, depois virar os pés e colocá-los no porta-malas.

Ao decompor desse modo o gesto, a pessoa se cansa menos e evita machucar a articulação tóracico-lombar – uma lesão que pode causar **contração lombar**, motivo freqüente de consultas.

Mesmo que não seja sempre possível seguir todas essas regras ao levantar peso, já é suficiente lembrar que existem para justamente proteger as costas.

Gestos esportivos

Além das posturas ideais para todo tipo de esforço, as dores agravadas pela prática de esportes podem ser aliviadas quando se providencia uma dupla adaptação:

- do equipamento. Um exemplo é usar tênis adequados para correr;
- da técnica. Nesse caso, a modalidade de esporte escolhida deve ser adequada às condições físicas da pessoa. Caso não seja, é necessário adaptar alguns gestos para não causarem dor. Aulas com treinadores esportivos ajudam a resolver esses problemas.

Muitos esportistas sentem, às vezes, necessidade de utilizar faixas lombares, isto é, bandas adesivas que, colocadas sobre a área de maior movimentação do corpo, limitam gestos extremos.

ATIVIDADE FÍSICA

A maioria das pesquisas mostra que a melhor forma de se livrar rapidamente de uma dor nas costas é continuar a atividade muscular, mas desde que ela não seja violenta e não implique o uso de cargas excessivas de peso. Não é aconselhável permanecer deitado, pois isso inibe o funcionamento dos músculos.

Mesmo quando a dor e a paralisia são intensas, especialmente em caso de lombalgia aguda, os especialistas recomendam não permanecer acamado por muito tempo, não mais do que 48 horas.

É preciso voltar a andar e a fazer atividades físicas leves o mais rápido possível. Também é recomendável retornar ao trabalho (exceto quando este implique uso de força) em uma semana, no máximo. Esse é o meio mais seguro de se curar.

GRAVIDEZ E COLUNA

A gravidez é um período arriscado para as costas: o incômodo pode ser mais freqüente especialmente em dois momentos:

- no terceiro ou quarto mês de gravidez, pois a curvatura da coluna se modifica devido à influência dos hormônios da gravidez, que aumentam a flexibilidade dos ligamentos;
- ao final da gravidez, devido ao peso do feto.

A osteopatia (ver pág. 114) é indicada durante a gravidez, pois não envolve medicamentos e não traz riscos para o bebê. A ginástica leve também é aconselhada, além de ser recomendável deixar de usar sapatos de salto alto.

SUPORTAR A DOR

Quanto mais preocupada ou estressada a pessoa estiver, mais intensa é a dor nas costas. É preciso, portanto, esforçar-se para controlar ao máximo as emoções. Mesmo quando intensa e incômoda, a dor nas costas raramente é uma afecção grave do ponto de vista médico: trata-se de um problema cotidiano que deve ser superado com bom senso.

POSTUROLOGIA

É uma técnica de análise e tratamento dos distúrbios relacionados à má utilização, pelo cérebro, das informações proprioceptivas vindas dos músculos, ligamentos e tendões.

Inicialmente, a posturologia analisa detalhadamente tudo o que contribui para o movimento e a manutenção de posturas, como:

- estímulos (através da pele, olhos e órgãos de equilíbrio);
- transmissões (através dos nervos sensitivos e medula espinhal);
- analistas (centros de controle do movimento e tônus situados no cérebro);
- realizadores (nervos motores e músculos).

O trabalho da posturologia visa, a partir daí, estimular os elementos que estão ausentes, reconstruir uma imagem corporal exata no cérebro e corrigir a função coordenadora dos centros nervosos.

A posturologia pode ser associada a outras técnicas de reeducação, como eletroterapia e massagens.

Aparelhagem ortopédica

Sob o termo aparelhagem ortopédica estão reunidas:
• **ortoses** e aparelhos ortopédicos rígidos, como talas, gesso, coletes ou calçados ortopédicos;
• **próteses**, que são implantadas no organismo para substituir um segmento anatômico (quadril ou joelho, por exemplo).

Essa definição se amplia ao abarcar instrumentos que **ajudam pacientes a andar** (bengalas e muletas etc.) e também determinados auxílios técnicos (adaptação de instrumentos para que os pacientes possam manusear objetos, por exemplo).

Para a coluna, a aparelhagem consiste basicamente de ortoses para o tronco (ou **coletes**) e de produtos que ajudam no andar (**bengalas** que diminuem o esforço muscular em caso de lumbago, por exemplo).

ÓRTESES PARA O TRONCO (OU COLETES ORTOPÉDICOS)

Coletes ortopédicos são utilizados especialmente em caso de **deformidades** do tronco (escolioses e hiperlordoses) e nas **dores crônicas** da coluna. Eles também são prescritos em caso de fratura, mas essa indicação foge aos objetivos deste livro e, por isso, não será abordada.

Deformidades do tronco

Existem vários modelos de coletes ortopédicos adequados a diferentes princípios e tipos de ação. O especialista (fisioterapeuta ou ortopedista) determina o colete indicado ao tipo de deformidade, idade, estilo de vida e morfologia do paciente.

A maioria dos coletes é fabricada com materiais plásticos relativamente rígidos, associados ou não a apoios sobre barras de carbono ou ligas metálicas leves. O colete pode ser aberto ou forrado com espuma por dentro.

Apesar do aspecto um tanto impressionante, um colete bem adaptado é confortável e permite fazer forças de correção progressivas, sem causar dor, evitando a deformidade das vértebras.

O colete age associando vários mecanismos:

- tração axial (alonga a coluna);
- pulsão lateral localizada (endireita a coluna);
- rotação, de modo direto ou indireto (endireita a coluna em torno de seu eixo).

No tratamento da escoliose, o uso do colete precisa ser regularmente controlado pelo médico e a duração do uso deve ser definida com precisão.

Dores na coluna

O uso do colete ortopédico é recomendado em caso de **dor aguda ou crônica**. São coletes flexíveis (colete lombar ou faixas lombares) em tecido elástico, fechado nas costas ou na parte da frente, com a ajuda de velcro ou fivela.

As farmácias e lojas especializadas dispõem de vários modelos; a altura padrão é de 26 cm e a largura é adaptada em torno do corpo.

- **Benefícios.** O benefício desse tipo de colete é em parte psicológico, pois o paciente se sente confiante por ser "sustentado" pelo colete. Também é educativo, pois o colete ajuda a limitar os movimentos dolorosos no trabalho, na vida cotidiana e no lazer. Além disso, contribui para se adquirir progressivamente hábitos mais adequados para sustentar a coluna. Tem, enfim, efeito antálgico nas lombalgias.
- **Inconvenientes.** O uso de coletes pode ser desagradável em climas quentes. Ele também perturba as sensações cutâneas, o que altera o funcionamento da propriocepção (ver págs. 24-26).

Enfim, no caso de uso prolongado, o colete pode causar perda muscular se nenhum exercício físico for realizado nesse período.

Colar cervical

O colar cervical rígido serve para imobilizar as vértebras deformadas (a fim de evitar complicações neurológicas) ou a coluna cervical (quando for preciso tratar uma fratura sem intervenção cirúrgica).

Existem também colares cervicais flexíveis (em espuma), que, usados por poucos dias, ajudam a aliviar torcicolos ou contrações dolorosas da nuca.

O colar cervical geralmente é prescrito no caso de uma entorse benigna do pescoço. Nesse caso, se o uso se prolongar demais, o incômodo cervical se mantém ou se agrava, pois a pressão que o colar cervical exerce sobre a pele é responsável por perturbações nos receptores proprioceptivos cutâneos. Quando há esse tipo de entorse, o melhor é recorrer a manipulações osteopáticas.

ÓRTESES PLANTÁRIAS

Também chamadas de **palmilhas ortopédicas,** as órteses plantárias são recomendadas para alguns casos de dor nas costas, como:

- em pacientes que praticam caminhadas regulares e apresentam desgaste dos discos intervertebrais ou artrose lombar baixa acentuada. As órteses com material amortecedor permitem atenuar o abalo raquidiano causado pelo impacto do calcanhar no solo;
- em pacientes com anomalia de comprimento dos membros. A palmilha de compensação sob a perna mais curta é bastante benéfica;
- em pacientes com pés côncavos (concavidade excessiva do arco do plantar) e que por isso apresentam maior tensão dos músculos lombares. As palmilhas ortopédicas são indicadas principalmente se a dor for muscular.

As palmilhas ortopédicas são fabricadas sob medida pelos podólogos; já as palmilhas de amortecimento são vendidas em farmácias, casas de artigos esportivos ou lojas especializadas em aparelhos ortopédicos.

Cirurgia

A cirurgia da coluna geralmente causa preocupação, pois se trata, na maioria das vezes, de intervenções delicadas, em que a anestesia geral é indispensável.

As complicações (hemorragia, lesão acidental dos nervos ou dores ligadas à má cicatrização) são sempre possíveis. Além disso, a cirurgia não resolve tudo e as seqüelas são inevitáveis.

Porém, na maioria das intervenções cirúrgicas, o benefício permanece real, pois tanto as técnicas cirúrgicas quanto os materiais utilizados evoluíram bastante nos últimos anos. As indicações mais freqüentes são as fraturas graves, hérnias de disco, artroses evoluídas e deformidades raquidianas abrangentes.

Fraturas

Fraturas complicadas, com lesão do sistema nervoso, são instáveis e apresentam risco de paraplegia e tetraplegia. Também podem provocar deformações graves.

QUEM OPERA

Tanto o cirurgião-ortopedista quanto o neurocirurgião podem operar a coluna vertebral.
O cirurgião-ortopedista trata das doenças, traumatismo e deformidades do aparelho locomotor. Ele também pode intervir em tudo o que concerne diretamente às vértebras: fraturas, deformações, artrose etc. Já o neurocirurgião se dedica ao tratamento das doenças do sistema nervoso.
Para a dor nas costas, ele pode agir no caso de hérnias de disco ou tumores.

Contudo, a maioria das fraturas vertebrais não necessita de intervenção cirúrgica, pois são estáveis e relativamente benignas.

Hérnia de disco

A hérnia de disco é uma saliência para além do disco intervertebral de uma parte do núcleo vertebral. A cirurgia é recomendada quando a hérnia causa nevralgia ao comprimir uma raiz nervosa ou, mais raramente, a medula espinhal. Costuma ser proposta em dois casos:

- quando existem **sintomas de gravidade**: paralisia parcial (principalmente a dos nervos do esfíncter do ânus e da bexiga, em caso de **síndrome da cauda eqüina**). Os pacientes que sofrem de hérnia de disco devem avisar rapidamente ao médico sobre eventuais problemas de sensibilidade na região, pois estes são sintomas precoces de compressão nervosa.
- quando o tratamento não é suficiente (a dor, intensa, não é aliviada por medicamentos) ou se recaídas muito freqüentes perturbam a vida pessoal e profissional.

A intervenção consiste em extrair os fragmentos do disco (hérnia) que comprimem a raiz nervosa. A recuperação é rápida e simples, com retomada da atividade profissional entre quatro e doze semanas. A reeducação pós-operátoria visa fortalecer os músculos dorsais e abdominais.

Artrose

Na maioria dos casos, a artrose raquidiana é bem tolerada. O que geralmente se chama de crise de artrose na verdade é uma dor de causa muscular (e não óssea), que reage bem ao tratamento clássico ou osteopático.

Uma intervenção cirúrgica pode, no entanto, ser necessária se os osteófitos (excrescências ósseas comumente chamadas de "bico-de-papagaio") crescerem e comprimirem um nervo ou a medula espinhal, ou, ainda, quando os tratamentos médicos (medicamentos, manipulações, trações, infiltrações, coletes) forem pouco eficazes.

A intervenção permite liberar os tecidos comprimidos pelos osteófitos. Nos idosos a artrose provoca redução do canal lombar, causando fraqueza nas pernas.

Deformidades raquidianas

Trata-se da cirurgia indicada para a escoliose (ver págs. 39-41). A intervenção pode ser recomendada nos seguintes casos:

• na **criança**, quando a escoliose é conseqüência de doença genética ou congênita (síndrome de Marfan, miopatia, enfermidade motora cerebral) ou,

ENXERTO ÓSSEO

Um enxerto ósseo pode ser a opção escolhida no caso de artrose desenvolvida, quando um disco intervertebral destruído permanece doloroso apesar do tratamento ou após uma cirurgia de hérnia. O enxerto também é utilizado no tratamento de deformações raquidianas. O osso enxertado em geral é recolhido do quadril do paciente, depois imediatamente transplantado sobre a zona ou zonas a enxertar. O osso da área doadora se reconstrói em dois meses. O enxerto ósseo impõe longa imobilização (entre quatro e seis meses), que corresponde ao período necessário para que possa aderir.

mais raramente, decorrente da paralisia dos músculos do tronco (esse risco praticamente desapareceu com a vacinação contra a poliomielite);

• no **adolescente**, em caso de escoliose idiopática, quando a evolução da deformidade já não pode ser tratada com o uso de colete ortopédico;

• no **adulto**, quando a escoliose na região lombar, que não foi tratada na adolescência ou se estabilizou em um ângulo aberto demais, começa a se desenvolver depois dos 50 anos, em decorrência da artrose.

Grandes progressos aconteceram nos últimos 30 anos em relação à cirurgia da escoliose, às técnicas de exploração pré-operatórias e à qualidade dos implantes utilizados para estabilizar a coluna vertebral. Enxerto ósseo complementar às vezes também pode ser necessário, mas a intervenção cirúrgica e o pós-operatório se tornaram muito menos arriscados e apresentam melhores resultados.

DECISÃO DE OPERAR

Além de situações de emergência, caso da síndrome da cauda eqüina ou de algumas fraturas, a decisão de se recorrer a uma cirurgia raquidiana só é feita depois de muita reflexão. As vantagens e desvantagens dos tratamentos em potenciais, médicos ou cirúrgicos, devem ser comparadas. A equipe médica deve avaliar todas as possibilidades técnicas e considerar o estado de saúde do paciente.

Osteopatia

No sentido etimológico, osteopatia quer dizer "dor nas costas" ou "doença óssea". No sentido corrente, o termo designa um método terapêutico que age sobre a dor nas costas de tipo mecânico, cuja origem raramente está nos ossos, mas em ligamentos ou tendões musculares. Existem outras técnicas semelhantes, entre elas a quiropatia, que é praticada por não-médicos e se baseia na manipulação das vértebras.

O principal benefício da osteopatia é proporcionar alívio rápido e durável, em uma ou duas sessões. Além disso, as manipulações geralmente são suficientes, sem que haja necessidade de usar medicamentos ou recorrer a outras técnicas como a cinesioterapia.

PRINCÍPIOS DA OSTEOPATIA

O mecanismo de ação da osteopatia ainda não é completamente conhecido. É provável que as manipulações tenham um efeito de **estimulação dos receptores reflexos** situados nos ligamentos e nos músculos vertebrais, o que faria o cérebro harmonizar o controle muscular. A osteopatia agiria, então, como um tipo de corretor da propriocepção (ver págs. 24-26). Há também os efeitos locais sobre as articulações posteriores das vértebras e sobre os discos intervertebrais. Estudos experimentais mostraram que as manipulações osteopáticas podem diminuir hérnias recentes.

MODALIDADES DE TRATAMENTO

O osteopata começa por observar e palpar o paciente, para, em seguida, iniciar as manipulações vertebrais. Essas manobras terminam com um leve "estalo", que, ao contrário do que se imagina, não corresponde a uma "recolocação" das vértebras no lugar certo.

O ruído revela um mecanismo tensoativo produzido pelo líquido sinovial situado nas articulações posteriores das vértebras. Essas manipulações são quase sempre seguidas de alívio imediato.

Existem outras técnicas para tecidos moles (por oposição ao osso, que é conhecido por tecido duro), úteis em certos casos, mas geralmente com resultados mais lentos. Elas agem sobre as fáscias (membranas que recobrem os músculos), músculos, tônus muscular e pele.

QUEM PRATICA A OSTEOPATIA

No Brasil, a osteopatia pode ser praticada pelos doutores em medicina, mas também pelos cinesioterapeutas e não-médicos com formação específica. Devido aos riscos relacionados à manipulação vertebral e à característica relativamente empírica da disciplina, pode ser preferível consultar um médico osteopata. A osteopatia médica é ensinada nas escolas de medicina, e existe um diploma comum de medicina manual e de osteopatia.

Aspectos psicológicos

A dor nas costas pode ter origem psicológica: a **depressão**, por exemplo, pode se manifestar desse modo. Os pacientes, muitas vezes, têm dificuldades de aceitar ou compreender esse tipo de diagnóstico.

Isso não quer dizer, por outro lado, que a dor seja negligenciada pelo médico: nesse caso, o paciente sofre realmente, mas, para ser eficaz, o tratamento precisa levar em consideração o componente psicológico.

A dor nas costas pode ter um aspecto psíquico: o fenômeno ocorre em toda doença, mas é mais intenso no caso da dor nas costas. Uma dor aguda provoca ansiedade e estresse, enquanto um sofrimento crônico cria distúrbios de personalidade, às vezes, depressão.

O médico responsável, clínico geral ou especialista, pode então sugerir a consulta a um psiquiatra ou psicólogo. O tratamento psicológico complementa o tratamento orgânico, o que não quer dizer que o paciente esteja sofrendo de uma patologia mental grave.

O objetivo é simplesmente considerar também os aspectos psicológicos que, mesmo pouco evidentes, podem perfeitamente provocar ou prolongar a dor nas costas.

PSIQUE E DOR NAS COSTAS

A psicologia humana é complexa, mas alguns elementos contribuem para explicar o componente psicossomático da dor nas costas.

Ninguém consegue ver as próprias costas: uma afecção da coluna vem, portanto, "por trás", sem que tenha sido "vista", o que pode ser vivido inconscientemente como uma agressão.

Algumas expressões da linguagem corrente refletem bem essa ligação entre o psiquismo e as costas: "ser apunhalado pelas costas", ou seja, ser traído, enganado por alguém; "carregar nas costas", realizar sozinho tarefas que caberiam a um grupo; "ter às costas", ser responsável por alguma tarefa; "ver pelas costas", evitar encontros, aproximações com alguém.

Mas existem também as versões positivas: "ter as costas quentes", que significa estar confiante, sem receio de realizar ou falar algo, por ter a proteção de alguém.

Dúvidas mais freqüentes

- Como a coluna vertebral é constituída? **Ver págs. 10-14**
- Por que fazer radiografias e outros exames? **Ver págs. 56-72**
- A dor nas costas pode se tornar um caso de emergência? **Ver págs. 110-113**
- A origem de uma dorsalgia é sempre mecânica? **Ver págs. 17-20**
- A hérnia de disco sempre leva à intervenção cirúrgica? **Ver págs. 111-112**
- A psique influencia a dor nas costas? **Ver págs. 116-117**
- Como a osteopatia pode aliviar a dor nas costas? **Ver págs. 114-115**
- O que é escoliose? **Ver págs. 39-41**
- É preciso parar de praticar esportes por causa da dor nas costas? **Ver págs. 103-104**
- Como prevenir a dor nas costas ou evitar reincidências? **Ver págs. 99-105**
- A gravidez provoca dor nas costas? **Ver págs. 16, 104**

Mitos e verdades sobre a dor nas costas

A cinesioterapia é um tratamento para a escoliose.

Falso. Uma escoliose real, sobretudo se for evolutiva, não pode ser controlada apenas pela cinesioterapia. Ela necessidade do uso de colete e, às vezes, de intervenção cirúrgica. A cinesioterapia é o tratamento de base da atitude escoliótica, deformidade das costas reversível pelo comportamento.

As mochilas pesadas demais são uma das causas da escoliose infantil.

Falso. As mochilas escolares não estão diretamente relacionadas à escoliose. Contudo, elas podem acentuar uma atitude escoliótica e provocar ou agravar a dor nas costas, sobretudo nas crianças que apresentam anomalia fisiológica (hiperlordose ou hipercifose). O peso das mochilas não deve ultrapassar 10% do peso da criança e, se possível, ficar abaixo de 5% do peso dela.

Minha dor nas costas passou porque o osteopata recolocou uma vértebra deslocada no lugar.

Falso. O ruído que se ouve em manipulações vertebrais não indica que uma vértebra foi recolocada no lugar, pois as vértebras não saem do lugar. Os estalos revelam um mecanismo tensoativo produzido pelo líquido sinovial situado nas articulações posteriores das vértebras.

A morfina é uma droga inútil contra a dor nas costas.

Falso. A morfina pode ser muito eficiente no caso de dorsalgias, quando prescrita em tratamentos de curta duração, geralmente por períodos de oito dias.

Ingerir morfina para aliviar a dor nas costas pode causar dependência.

Falso. Ninguém se torna viciado ao ingerir morfina para aliviar uma dor, pois essa substância apenas age sobre os receptores da dor. Além disso, a morfina não altera as faculdades intelectuais quando ingerida em doses terapêuticas. Ela também não é utilizada como método paliativo reservado aos doentes terminais.

Tenho muita flexibilidade, portanto, nunca vou sentir dor nas costas.

Falso e verdadeiro. Falso, na maioria dos casos, pois a flexibilidade não tem muito a ver com a dor nas costas. Além disso, certa rigidez desempenha papel de proteção para as costas.

Verdadeiro, às vezes, quando a flexibilidade dos quadris permite limitar os efeitos de um movimento inadequado da região lombar.

A cinesioterapia corrige minhas atitudes inadequadas.

Falso. Ela não vai "corrigir" uma atitude, pois uma atitude inadequada das costas não é necessariamente responsável pela dor. Tal atitude pode, ao contrário, servir para evitar a dor (atitude antálgica).

O cinesioterapeuta trabalha, antes de tudo, uma atitude habitual, a fim de deixá-la mais harmoniosa. Ele também pode ajudar o paciente a corrigir gestos inadequados, quando ele segura e ergue objetos pesados, por exemplo.

A tomografia revelou que tenho uma hérnia de disco: certamente vou precisar ser operado.

Falso. Em geral, descobre-se uma hérnia de disco por acaso (particularmente na altura dos dois últimos discos intervertebrais lombares), quando se faz uma tomografia solicitada por outra razão.

Na realidade, a maioria das hérnias não é tratada, pois não causam incômodo. E mesmo quando a hérnia dá sinais de compressão ou irritação de um nervo (o ciático, principalmente), trata-se de uma afecção que, na maioria dos casos, dispensa a operação.

Meu médico disse que minha dor nas costas é psicológica. Então, provavelmente, ele não vai poder me ajudar.

Falso. Pensar assim revela falta de comunicação entre paciente e medico. O fato de uma dor na coluna ser, sobretudo, de natureza psicológica, não quer dizer que a dor não esteja sendo sentida, nem que ela seja negada pelo médico.

É preciso ter consciência do fator psicológico e associar, se necessário, um tratamento psicológico aos outros tratamentos em curso.

É preciso obrigar as crianças a ficarem eretas para prevenir a dor nas costas.

Falso. Uma criança que tenha escoliose ou doença dorsal (doença de Scheuermann no adolescente, por exemplo) está na sua posição normal ou confortável quando não fica ereta mas, sim, com as costas inclinadas. Para ela, qualquer outra posição é antifisiológica e fonte de dor. Obrigá-la a permanecer ereta, em casa ou na escola, é inútil e injusto.

Só através do tratamento ortopédico, da reeducação e, talvez, de uma cirurgia, é que a criança poderá ficar mais ereta sem sofrer.

Uma criança que apresenta atitude escoliótica devido à desigualdade do comprimento dos membros inferiores ou por insuficiência muscular dorsal deve, ao contrário, fazer tudo para ficar de modo mais ereto possível, pelo menos quando ela estiver sentada. Sem esse esforço permanente, sua atitude escoliótica pode se fixar antes da idade adulta.

Dançar, fazer ginástica e natação são as melhores atividades preventivas ao lado da reeducação e do fortalecimento muscular.

Todos os métodos de reeducação são iguais, apenas seus nomes mudam.

Falso. Existem vários métodos de reeducação, que diferem pelas técnicas e indicações. Não é eficaz aplicar o mesmo método a todos e se privar de uma técnica precisa em certas circunstâncias.

Em caso de dúvida sobre os benefícios de um método de reeducação e sobre as possíveis contra-indicações, o mais indicado é pedir conselho a um especialista.

Através de sua formação e conhecimento, ele saberá esclarecer as dúvidas. Além disso, os limites físicos ou psicológicos indicam quais técnicas são as mais adequadas.

Glossário

Algodistrofia: doença que associa dor e osteoporose localizada na coluna.

Atitude escoliótica: desvio lateral da coluna vertebral, que é passível de ser corrigido por meio de atitude postural e de cinesioterapia.

Balneoterapia: tratamento que utiliza a água para fins terapêuticos físicos e psíquicos. Quando associado à cinesioterapia, é chamado de cinesiobalneoterapia. E de talassoterapia, quando se utiliza água do mar.

Ciática: dor localizada na extensão (parte ou totalidade) do nervo ciático.

Cifose: desvio da coluna vertebral, de convexidade posterior, em geral localizado na região torácica. Abrange poucas ou muitas vértebras e decorre de causas patológicas ou de hábito postural inadequado.

Cinesioterapia: técnica de tratamento feita por meio de movimentos ou exercícios.

Cintilografia óssea: exame de detecção de distúrbios funcionais ósseos. É feito aplicando-se no paciente um medicamento radioativo, cujo percurso no organismo é acompanhado através da emissão de radiações gama, as quais fazem aparecer na tela uma série de pontos brilhantes (cintilação).

Dorsalgia: dor na região torácica ou dorsal, correspondente às doze vértebras torácicas.

Endorfinas: substâncias fabricadas pelo cérebro, cujo efeito contra a dor é comparável ao da morfina.

Escoliose: deformidade da coluna causada por rotação das vértebras em torno de seu eixo. Não é redutível pela ação dos músculos.

Espondilite anquilosante: doença inflamatória (reumatismo) da coluna vertebral.

Fisioterapia: tratamento que utiliza radiação elétrica, térmica ou magnética.

Hidroterapia: ver Balneoterapia.

Idiopático: diz-se de doença ou sintoma cuja causa é desconhecida e não está relacionada a outra doença.

Imagem (exame de): conjunto de exames que fornece imagens representando as estruturas do corpo. Serve para auxiliar diagnósticos e tratamentos.

Infiltração: injeção de produto terapêutico (geralmente cortisona, no caso de dor nas costas) em um espaço anatômico preciso.

Lombalgia: dor dorsal situada nas cinco vértebras lombares, na concavidade dos rins.

Lordose: convexidade anterior (normal) da coluna vertebral na região lombar.

Lumbago: equivalente de lombalgia, empregado para as dores fortes ou com paralisia intensa.

Nevralgia: dor ao longo de um nervo (nevralgia ciática ou crural, por exemplo).

Órtese: aparelhagem externa aplicada em torno de uma parte do corpo, utilizada para sustentá-la ou facilitar os movimentos.

Ortoprotesista: técnico que fabrica, adapta ou monta uma órtese (um colete, por exemplo) ou uma prótese (uma perna artificial para um amputado, por exemplo).

Osteófito: saliência óssea desenvolvida a partir de uma articulação de uma tração ligamental.

Propriocepção: informações recolhidas por um conjunto de receptores situados nos músculos, tendões, articulações e vias nervosas, e que são transmitidas ao cérebro. Essas informações provocam sensações contínuas no cérebro, mostrando as atividades do corpo. Essas sensações, inconscientes, servem para regular o tônus muscular e o movimento.

Prótese: aparelho que substitui parte de um membro amputado. Por extensão, utiliza-se o termo para endopróteses, como a prótese total do quadril, que substitui um segmento interno sem ter ocorrido uma amputação.

Raque: sinônimo de coluna vertebral.

Ressonância magnética (RM): utilização das propriedades magnéticas do corpo, sob efeito de um campo magnético exterior, para a produção de imagens.

Tomografia: exame radiológico que acopla raios X a um computador, com o objetivo de reconstituir, por meio de imagens, as estruturas anatômicas, que são apresentadas em cortes.

Índice

I

L

M

N

O

P

R

S

T

V

DOR NAS COSTAS
foi impresso em São Paulo/SP, pela Quebecor World São Paulo
para a Larousse do Brasil, em junho de 2007.